竞技武术套路动作库

棍术

国家体育总局武术运动管理中心 审定

人民体育出版社

图书在版编目（CIP）数据

棍术 / 国家体育总局武术运动管理中心审定. -- 北
京：人民体育出版社，2023
　（竞技武术套路动作库）
　ISBN 978-7-5009-6317-2

　Ⅰ.①棍… Ⅱ.①国… Ⅲ.①棍术(武术)—套路(武
术)—中国 Ⅳ.①G852.25

中国国家版本馆CIP数据核字(2023)第097527号

*

人民体育出版社出版发行
北京新华印刷有限公司印刷
新 华 书 店 经 销
*
710×1000　16开本　12.5印张　161千字
2023年9月第1版　　2023年9月第1次印刷
印数：1—3,000册
*
ISBN 978-7-5009-6317-2
定价：48.00元

社址：北京市东城区体育馆路8号（天坛公园东门）
电话：67151482（发行部）　　　邮编：100061
传真：67151483　　　　　　　　邮购：67118491
网址：www.psphpress.com
（购买本社图书，如遇有缺损页可与邮购部联系）

编 委 会

主　　任　陈恩堂

副 主 任　徐翔鸿　杨战旗　陈　冲

总 主 编　陈恩堂

副总主编　樊　义　李英奎

主编

王晓娜（长拳）	王　怡　刘海波（刀术）
范燕美　冯静坤（剑术）	崔景辉　于宏举（棍术）
解乒乓　张继东（枪术）	李朝旭　黄建刚（南拳）
魏丹彤（南刀）	黄建刚　李朝旭（南棍）
李　强　周　斌（太极拳）	吴雅楠　吕福祥（太极剑）

编委（以姓氏笔画为序）

于宏举	马　群	王二平	王世龙	王　怡
王晓娜	王　菊	方　坚	田　勇	冉千鑫
代流通	冯宏芳	冯静坤	匡　芬	吕福祥
刘志华	刘思伊	刘海波	孙新锋	李有华
李英奎	李艳君	李淑红	李朝旭	李　强
杨战旗	吴杰龙	吴贤举	吴雅楠	何　强
沈剑英	宋　林	张继东	陈　冲	陈恩堂
陈燕萍	范燕美	金肖冰	周　斌	房莹莹
赵　勇	袁新东	徐卫伟	徐翔鸿	黄建刚
曹　政	崔景辉	梁国德	童　昊	虞泽民
解乒乓	樊　义	魏丹彤		

动作示范（以姓氏笔画为序）

王子文	巨文馨	吕泰东	刘忠鑫	汤　露
孙培原	杜洪杰	李剑鸣	杨顺洪	张雅玲
张　黎	陈洲理	查苏生	姚　洋	常志昭
梁永达	童　心			

为武术更加灿烂的明天

——总结经典 传承经典 创造经典

陈恩堂

竞技武术套路动作库从立项到推出，历时3年有余，历经艰辛探究，今日终于得以付梓，令人欣喜万分。我谨代表国家体育总局武术运动管理中心、武术研究院、中国武术协会，对竞技武术套路动作库出版成书表示热烈的祝贺！

中华武术源远流长，博大精深，是中华民族优秀传统文化的瑰宝。古往今来，在武术发展的历史长河中，产生了许多独具特色的拳种流派，涌现了许多身怀绝技的武林高手，流传着许多让人津津乐道的传奇故事。历代的武术先辈们给我们留下了丰厚的武术遗产。作为新时代的武术人，把这份丰厚的武术遗产继承好、发展好，是我们义不容辞的责任。

把武术先辈们留下的丰厚武术遗产继承好、发展好，首先就是要对其进行系统地总结，在总结的基础上加以传承，在传承的过程中进行创新。竞技武术套路动作库，正是遵循这样的思路，总结经典，传承经典，创造经典。

——总结经典。竞技武术套路动作库，当前共收录具有源流和传统名称的武术经典动作1941式，分为长拳、刀术、棍术、剑术、枪术、南拳、南刀、南棍、太极拳、太极剑共10个子库，如字典汇编，毫分缕析，系统总结了长拳、南拳、太极拳三大拳种的经典动作，规范了技术方法，确定了技术标准，突出武术技击本质，展示武术攻防内涵。每一个经典动作都有源流出处，都具有传统名称，不仅符合人民群众对武术古往今来的认知，更是彰显了中华传统文化符号的经典魅力，充分体现了中华文化自信。

——传承经典。竞技武术套路动作库，通过总结经典，实现武术经典动作的标准化和规范化，本身就是对武术历史经典的传承。这些标准化、规范化的经典动作，既可供武术专业运动员在比赛中选用，让运动员的整套动作演练更具可比性，更加符合现代奥林匹克运动的特征，同时，也适合广大武术爱好者尤其是青少年朋友学习掌握，将专业和业余打通，普及和提高一体。通过竞技武术套路动作库，每一个武术习练者、爱好者都会成为武术经典的传承者，武术文化的传播者。

——创造经典。竞技武术套路动作库，不仅是在总结经典、传承经典，也在创造经典。人民群众有无限的创造力。人民群众在历史上创造了武术的经典，今后也必将继续创造武术新的经典。当前收录的1941个武术经典动作只是动作库的首期工程，今后每年都会更新，进行动态调整。创新动作经过中国武术协会审定通过后，将会成为竞技武术套路动作库的一部分，这充分体现了对中华优秀传统文化的创造性转化、创新性发展。

竞技武术套路动作库的推出，是武术运动科学化、标准化的又一重要标志，是武术运动发展史上具有里程碑意义的大事，凝结了全体武术人的智慧和汗水。在此，我谨以国家体育总局武术运动管理中心、武术研究院、中国武术协会的名义，向所有为竞技武术套路动作库付出不懈努力的武术前辈、专家、运动员、教练员、裁判员和工作人员们表示衷心的感谢！向所有关心支持武术事业改革发展的各界人士表示衷心的感谢！

国运兴则体育兴，国运兴则武术兴。在中华民族伟大复兴的新征程上，作为中华民族传统体育项目和优秀传统文化的代表，武术必将在体育强国、文化强国和健康中国建设中发挥着独特作用。竞技武术套路动作库，是武术发展的新的起点，为武术在更高水平的传承和繁荣开辟了新的道路，为武术进一步现代化、国际化奠定了重要基础，为武术走向奥林匹克大舞台迈出了坚实步伐。我们相信，以此作为新的起点，通过全体武术人的团结奋斗，武术的魅力将更加显现，武术的未来将更加美好！

2023年7月1日

（作者为国家体育总局武术运动管理中心主任、党委书记，国家体育总局武术研究院院长，中国武术协会主席）

CONTENTS / 目录

1 步型

1.1 弓步

弓步 001

传统术语：仙人指路。

现代术语：弓步背棍。

源流：少林烧火棍第二式。

技法：抢、拨。

动作过程： （1）上体微向左转，双手持棍把置于左肩上。右脚向
右前方上步，左脚向右脚前方扣脚上步，身体向右转体
360°，随即右脚向右横跨一步成右弓步；同时，右手
持棍由左向右平圆抢扫一周后背棍；左手划弧立掌置于
右胸处；目视右前方。

（2）接上动，左掌向左前方立掌水平推出；目视推掌
方向。

动作要点： 转身平抢棍迅猛连贯，力达棍梢；推掌力达掌根。

弓步 002

传统术语：夜叉劈妖。

现代术语：弓步劈棍。

源流：少林猿猴棍第二式。

技法：劈。

动作过程：双手持棍上举，右手持棍把端，左手持棍身。左脚向前方上步成左弓步；同时，棍由上向下劈打，右手持棍把端贴于右胯旁，左手直臂按压棍身，棍身斜向上；目视棍梢。

动作要点：劈棍与弓步同时完成；劈棍立圆，力达棍梢。

弓步 003

传统术语：老猴背棍。

现代术语：弓步背棍冲拳。

源流：少林烧火棍第二十二式。

技法：抢、拨。

动作过程：（1）上体微向左转，双手持棍把置于左肩上。右脚向
右前方上步，左脚向右脚前方扣脚上步，身体向右转体
360°，随即右脚向右横跨一步成右弓步；同时，右手
持棍把由左向右平圆抢扫一周后背棍；左掌划弧立掌置
于右胸处；目视左掌。

（2）接上动，左掌变拳向左前方水平直线冲出；目视
冲拳方向。

动作要点：转身平抢棍平圆抢扫，迅猛连贯，力达棍梢；冲拳力达
拳面。

弓步 004

传统术语：刀出鞘势。

现代术语：弓步戳把。

源流：少林大夜叉棍第十四式。

技法：戳。

动作过程：双手胸前水平持棍，右手持棍把，左手持棍身；目视左
　　　　　前方。右脚向右前方上步成右弓步；同时，双手持棍，
　　　　　棍把直线向右前方戳顶，左手屈臂托棍置于胸前，右手
　　　　　直臂持棍把，棍身水平贴近身体；目视棍把。

动作要点：弓步蹬腿转胯与戳把动作协调一致；戳棍力达棍把端。

弓步 005
传统术语：刺咽喉。
现代术语：弓步戳棍。
源流：少林风火棍第二十七式。
技法：戳。

- -

动作过程： 右手持棍把端屈臂置于右腰侧，左手托棍身，棍梢指向
　　　　　　身体左前方。左脚向左前方上步成左弓步；同时，右手
　　　　　　持棍把端，左手滑把触及右手，棍梢直线向前方戳顶；
　　　　　　目视棍梢。
动作要点： 弓步蹬腿转胯与戳棍动作协调一致；戳棍力达棍梢端。

弓步 006

传统术语：挑山式。

现代术语：弓步架棍。

源流：少林齐眉棍第十四式。

技法：架。

动作过程： 右手屈臂持棍把置于右肩前，左手持棍身置于左腿
外侧；目视前方。左脚向左前方上步成左弓步；同
时，右手持棍内旋，右手臂经胸前由屈至伸向前带
棍推击，右手持棍把架于头上方，左手持棍水平直
臂推出；目视棍身。

动作要点： 弓步蹬腿转胯与架棍动作协调一致；推、架棍力达
棍身。

弓步 007

传统术语：泰山盘石。

现代术语：左弓步抱棍。

源流：少林烧火棍第十六式。

技法：抢、架。

- -

动作过程：上体微向右转，双手持棍把置于右肩上。左脚向左前方
上步成左弓步；同时，双手持棍把由右向左平圆抢扫平
架于左肩上；目视右前方。

动作要点：棍抢平圆，双臂向外圆撑，肩、臂、棍保持水平；抢棍
力达棍梢。

弓步 008

传统术语：白蛇吐信。

现代术语：弓步戳棍。

源流：五虎群羊棍第四式。

技法：戳。

动作过程： 右手持棍把置于右肩外侧，棍梢端向前。左脚向前上步；同时，右手持棍直线向前点戳；左手立掌附于右胸外侧。随即右脚向前跳换步，双脚依次落步成半马步；右手持棍收于右腰间。左腿再屈膝成左弓步；同时，右手持棍由后向前水平戳击；左手立掌向身体左后方推出；目视棍梢。

动作要点： 换跳步轻灵、敏捷；弓步与戳棍动作协调一致；戳棍力达棍梢端。

弓步 009

传统术语：行者藏杖。

现代术语：弓步藏棍。

源流：五虎群羊棍第十二式。

技法：撩、挑。

动作过程： （1）右手持棍把，直臂反握棍，棍把端置于体前，棍身贴于右腋下，左手立掌置于右胸外侧。

（2）左脚向前上步，随即右脚向前方跳换步，身体向左后转体180°，左脚落步成右弓步；同时，右手持棍，棍把由后向下、向前、向上立圆挑至水平，棍身藏于右腋下；左臂随转体向下、向前划弧，立掌收于右胸外侧；目视前方。

动作要点： 跳换步轻灵、敏捷；弓步与挑把动作协调一致；挑棍力达棍梢。

弓步 010

传统术语：伸爪扬脸。

现代术语：弓步背棍。

源流：五虎群羊棍第二十六式。

技法：拨、挂。

动作过程： （1）右脚向右前方上步，身体微右转；同时，双手持
棍把，棍梢经身体右侧向上、向后、向前立圆提撩，随
即棍梢经胸前在身体右侧由上向下、向后、向前舞花成
右臂背棍，左掌立掌收于右胸外侧。

（2）接上动，左脚提膝落步，右腿全蹲成左仆步。随
即，重心左移，左腿屈膝成左弓步；在重心左移过程
中，左手顺左腿内侧向前穿掌亮掌撑于身体左侧，掌指
向前；右臂背棍置于身体右侧；目视前方。

动作要点： 棍花立圆；背棍、仆步穿掌协调连贯；抖腕亮掌。

弓步 011

传统术语：提枪式。

现代术语：弓步拉棍。

源流：少林大夜叉棍第十六式。

技法：提、压。

动作过程： 右脚向右前方上步成右弓步；同时，双手胸前持棍把，
双臂内旋，左手滑把至棍身，右手持棍把向身体右侧上
方屈臂上提，棍身横于身前，棍把斜向身体右上方，棍
梢斜向身体左下方；目视左前方。

动作要点： 弓步、提棍迅速，协调一致；双臂内旋下压、上提，力
达棍身。

弓步 012

传统术语：白猿献棒。

现代术语：弓步下点棍。

源流：少林风火棍第十七式。

技法：点。

动作过程：右脚向右前方上步成左弓步；同时，双手持棍把，棍
身经胸前由上向左下立圆摆落，棍梢端点击触地；目
视棍梢。

动作要点：点棍提腰转胯，制动迅速；点棍力达棍梢端。

弓步 013

传统术语：二郎担山。

现代术语：弓步扫棍。

源流：查棍一百单八棍第一式。

技法：抢、扫。

- -

动作过程：右手持棍把，棍身由右肩向身体后绕环至左肩上，右脚
向右前方上步，身体向右转体360°，左脚落步成右弓
步；同时，右手持棍由左向右平圆抢扫至右肩上，左
掌附于右手处成抱棍状，棍梢置于身体左后方；目视
左前方。

动作要点：转身迅猛，抢扫棍平圆；抢棍力达棍梢。

弓步 014

传统术语：阵前亮相。

现代术语：弓步提拉棍。

源流：查棍一百单八棍第三式。

技法：提。

动作过程：（1）左手持棍把端置于左胯旁，棍梢落于身体后方；
目视前方。

（2）左脚向前方上步；同时，右手变拳在胸前内旋上
举，随即由上向下屈臂砸压，拳心向上；目视右拳。

（3）接上动，右腿向右前方弹踢，落步屈膝成右弓
步；同时，右拳变掌，插掌至身体右前斜上方，手臂略
高于肩，掌尖向前，掌心向左；左手屈臂提拉棍身置于
左腰间，棍梢落于身体左后方；目视插掌方向。

动作要点：右腿弹踢屈伸明显，力达脚尖；弓步提拉棍与插掌动作
协调一致。

弓步 015

传统术语：斗转参横。

现代术语：左弓步亮掌。

源流：查棍一百单八棍第八式。

技法：提。

- -

动作过程：（1）右手持棍把端置于右胯旁，棍梢端置于身体右侧落地；目视前方。

（2）左脚向左前方上步，右腿全蹲成左仆步，随即右腿蹬直成左弓步；同时，左掌由左腰间顺左腿内侧向前穿掌至头上方抖腕亮掌；右臂屈臂提拉棍把端至腹前；目视右前方。

动作要点：仆步穿掌快速、流畅；弓步亮掌与提棍协调一致。

弓步 016

传统术语：刘备挂剑。

现代术语：弓步反持棍。

源流：查棍一百单八棍第十四式。

技法：抡。

- -

动作过程： （1）双手持棍把置于右肩上，棍梢斜向身体左后方；目视左前方。

（2）左脚向左前方上步，脚尖外展，随即右脚向左前方跳换步，身体向左后转体360°，双脚依次落地成左弓步；同时，双手持棍把从胸前由右向左平圆抡扫一周后置于身体左侧。

（3）接上动，左手滑把至棍梢，棍身贴于左臂内侧，右手屈臂持棍把置于胸前，棍梢斜向下落于身体左后方；目视棍梢。

动作要点： 棍抡平圆，转体迅捷；平抡棍力达棍梢。

弓步 017

传统术语：利剑穿胸。

现代术语：弓步戳棍。

源流：查棍三十六棍第三式。

技法：戳。

- -

动作过程： （1）左脚向左横跨一步成半马步；同时，右手持棍
把，左手持棍梢，棍随身动，棍把向身体右侧顶击；目
视棍把。

（2）接上动，右腿蹬直成左弓步；同时，棍梢向左前
方直线戳顶，左手直臂持棍身，右手持棍把屈臂置于右
胸前，棍身水平；目视棍梢。

动作要点： 马、弓步型转换蹬腿转胯；棍把、棍梢直线戳顶，力达
棍把、棍梢端。

弓步 018

传统术语：跨海推山。

现代术语：弓步推挡。

源流：查棍三十六棍第七式。

技法：格、架。

- -

动作过程：（1）双腿并拢屈膝成右丁步，右手持棍把置于左胯
旁，左手持棍身，立棍于左胸前。

（2）右脚向右前方上步，身体右转，随即左脚向右前方上
步成左弓步；同时，双手持棍，棍梢由身体左侧向后、向
下、向前侧身立圆向前推挡，右手持棍把架于头上方，左
手持棍身由胸前直臂前顶，棍梢斜向下；目视棍身。

动作要点：棍身立圆推挡，催肘发力，力达棍身。

弓步 019

传统术语：蹬天盖地。

现代术语：侧踹盖地。

源流：查棍三十六棍第十二式。

技法：盖。

....

动作过程： （1）右手持棍身，左手持棍梢，立棍于身体右侧。右
脚向左前方盖步上步，脚尖外展，随即左腿提膝屈膝外
展，向左前上方由屈到伸踹出；同时，双手持棍至身体
右侧，棍把触地；目视踹腿方向。

（2）接上动，左脚落步成左弓步；同时，双手持棍，
棍把由后向上、向前立圆盖把，左手持棍屈臂置于左胸
前，右手持棍把直臂下按；目视棍把。

动作要点： 侧踹腿屈伸明显，力达脚跟；立圆盖把灵活迅猛，力达
棍把。

弓步 020

传统术语：鹞子翻身。

现代术语：左右跳换步挑把。

源流：少林风火棍第十九式。

技法：劈、挑。

··

动作过程： （1）右脚向前方上步，双手持棍把，棍梢于身体右侧
由前向上、向后、向下立圆提撩一周。随即右脚蹬地跳
换步，双脚依次落地，身体向左转体180°；同时，双
手持棍随转体在身体左侧使棍梢向下、向后、向上立圆
抡劈；目随棍动。

（2）接上动，右脚蹬地，跳换步向右跳转身180°，双
脚依次落地成右弓步；同时，左手滑把至棍身，右手持
棍把由下向上划弧挑把至身体前方，棍身贴近身体，棍
把斜向上；目视棍把。

动作要点： 连续跳换步轻灵、敏捷；挑把灵活，力达棍把。

弓步 021
传统术语：火驹奔川。
现代术语：弓步云打。
源流：少林达摩棍第十五式。
技法：云、架。

动作过程：右脚向右横跨一步；双手持棍，棍身由身体左侧向前、
　　　　　向右、向后绕头上方平圆云棍一周。随即右腿屈膝成右
　　　　　弓步；同时，双手换把，左手持棍把，右手持棍身，屈
　　　　　臂持棍立棍于身体右侧，棍梢向上；目视左前方。
动作要点：云棍身体略后仰；云棍平圆；双脚稳固，弓步架棍制动
　　　　　迅捷。

弓步 022

传统术语：横扫落叶。

现代术语：弓步扫棍。

源流：查棍三十六棍第二十三式。

技法：扫。

动作过程：双手持棍置于头部右上方，右手持棍把端，左手持棍身，棍梢向上。左脚向左前方上步成左弓步；同时，双手持棍，左手滑把，棍梢由身体右上方向左斜下方抡扫至左腿前侧，棍梢端触地；目视棍梢。

动作要点：弓步与扫棍快速完成，动作协调一致；扫棍快速制动，力达棍梢。

弓步 023

传统术语：渔夫推船。

现代术语：弓步推棍。

源流：查棍一百单八棍第十七式。

技法：推。

动作过程：（1）右手屈臂持棍把置于体前，与肩同高。左脚蹬地原地起跳，双脚开步下落半蹲成半马步；同时，右手持棍下落至腹前，左手换握棍把，右掌经体前向上、向后、向下、向前立圆抡臂撩掌至胸前，掌心向上。

（2）接上动，左腿蹬直成右弓步；同时，右掌变拳屈臂架至右肩侧，拳心向下；左手直臂向前推棍；目视棍身。

动作要点：跳步轻灵；推棍催肘动作连贯，力达棍身。

弓步 024

传统术语：雨打芭蕉。

现代术语：弓步盘肘。

源流：查棍一百单八棍第二十七式。

技法：抢、拨。

....

动作过程： （1）上体微向左转，双手持棍置于左肩上。右脚向右
前方上步，左脚向右脚前方扣脚上步，身体向右转体
360°，随即右脚上步成右弓步；同时，右手持棍由左
向右平圆抢扫一周后背棍，左手划弧立掌置于身体左
侧；目视右前方。

（2）接上动，右手持棍背棍于身后；左掌变拳由左向
胸前平带，屈臂盘肘；目视前方。

动作要点： 平抢棍舒展迅猛，力达棍梢；盘肘力达肘尖。

1.2 马步

马步 001
传统术语：伏虎势。
现代术语：马步崩棍。
源流：少林大夜叉棍第八式。
技法：崩。

- -

动作过程：（1）双手持棍展臂上举，左脚向前上步，右腿屈膝成左仆步；同时，棍身由上向下立圆劈摔，棍梢贴地；目视棍梢。

（2）接上动，右脚向前方震脚上步，左脚随即向前上步，身体右转成马步；同时，右手持棍把上提，立腕下沉；左手向后、向前滑把按压棍身，棍梢向上崩起；目视棍梢。

动作要点：马步、崩棍同步完成；崩棍力达棍梢。

马步 002

传统术语：马上砸盔。

现代术语：马步把劈棍。

源流：查棍一百单八棍第十三式。

技法：劈。

动作过程：（1）右手屈臂持棍把端置于体前右侧，棍梢向上，左
手落于左腿外侧；目视前方。

（2）右脚向前上步，双腿屈膝成马步；同时，棍梢经
胸前向身体左侧下落，随即左手接握棍身，右手滑把，
棍把由身体右侧向上、向前立圆劈击，左手屈臂持棍身
置于胸前；目视棍把。

动作要点：马步、棍把下劈协调一致；劈把力达棍把。

马步 003

传统术语：飞蛾扑火。

现代术语：马步抢劈棍。

源流：少林风火棍第二式。

技法：挡、劈。

动作过程：右脚向右前方上步，随即左脚向右前方上步，身
体右转成马步；同时，双手持棍，在身体左、右
两侧立圆舞花，棍梢经身体右侧由上向下立圆劈
打，右手持棍把端置于右腰处，左手持棍身直臂
按压棍身；目视棍梢。

动作要点：舞花棍立圆；马步与劈棍动作协调一致；劈棍力
达棍梢。

马步 004

传统术语：骑马待战。

现代术语：马步平抡棍。

源流：查棍一百单八棍第二十一式。

技法：抡。

动作过程： 上体微向右转，双手持棍把置于右肩上。左脚向左前方
上步，身体左转，随即右脚向左脚前方上步，双腿屈蹲
成马步；同时，双手持棍由右向左平圆抡扫一周，左手
滑把至棍梢，右手持棍把屈臂托棍于胸前；目视棍梢。

动作要点： 上步抡棍平圆发力；马步和平抡棍动作协调一致；平抡
棍力达棍梢。

马步 005

传统术语：挑走势。

现代术语：马步挑把。

源流：少林阴手棍第六式。

技法：挑。

动作过程：（1）左手持棍身，右手持棍把，棍把向下置于身体右侧。

（2）右脚向前上步，身体左转成马步；同时，双手持棍，棍把随转体在身体右侧由下向前挑把，棍把斜向上，左手持棍收于左腰间，右手托棍臂微屈置于身体右侧；目视棍把。

动作要点：上步与挑把协调一致，腰胯发力；挑棍力达棍把。

马步 006

传统术语：大圣亮旗。

现代术语：马步举棍。

源流：少林阴手棍第三十式。

技法：挑。

动作过程：（1）双手持棍上举置于身体右侧。右脚向左脚前方震
　　　　　　脚上步；同时，左手持棍把向
　　　　　　上提拉，右手持棍身向右下
　　　　　　方屈臂，棍梢斜向下点击；
　　　　　　目视棍梢。

　　　　　　（2）接上动，左脚向左前
　　　　　　方上步成马步；同时，右
　　　　　　手持棍身直臂向上立圆上
　　　　　　挑，左手持棍把置于右
　　　　　　胯旁；目视左前方。

动作要点：震脚有力；上步挑棍
　　　　　　力达棍梢。

马步 007

传统术语：骑马藏刀。

现代术语：马步藏棍。

源流：查棍一百单八棍第三十二式。

技法：拨、戳。

动作过程： 右手屈臂持棍把置于体前，与肩同高，棍梢向下、向后
立圆拨藏至右腋下。随即左脚向左横跨一步成马步；同
时，右手持棍把向胸前戳击；左手立掌由腰间推出附于
右腕内侧，双臂撑圆；目视左前方。

动作要点： 拨棍立圆；戳把力达棍把端。

1.3 仆步

仆步 001
传统术语：虎扑群羊。
现代术语：仆步摔棍。
源流：五虎群羊棍第二十一式。
技法：挑、劈。

动作过程：双手持棍展臂上挑，左脚向前上步，右腿屈膝成左仆
步；同时，棍身由上向下立圆劈击，棍梢贴地摔至左腿
内侧；目视棍梢。
动作要点：立圆下劈，摔棍力达棍梢。

仆步 002

传统术语：大虫三扑。

现代术语：仆步摔棍。

源流：五虎群羊棍第七式。

技法：劈、戳。

动作过程：（1）持棍直立，左手屈臂持棍身，右手持棍把向身体右侧水平戳击。随即右脚向左前方上步，身体向左转体180°，左腿屈膝成右仆步；同时，双手持棍，棍把由上向前下摔棍至右腿内侧；目视棍把。

（2）接上动，右脚向左脚并步，身体直立；同时，右手持棍把，左手持棍身滑把，棍梢端向身体左侧水平戳击；目视棍梢。

（3）接上动，左脚向右前方上步，身体向右转体180°，右腿屈膝成左仆步；同时，双手持棍，棍梢由上向前、向下摔棍至左腿内侧；目视棍身。

（4）接上动，左脚向右脚并步，身体直立；同时，左手持棍梢，右手滑把至棍身，棍把向身体右侧水平戳击；目视棍把。

（5）接上动，右脚向左前方上步，身体向左转体180°，左腿屈膝成右仆步；同时，双手持棍，棍把由上向前下摔棍至右腿内侧；目视棍把。

动作要点：左、右仆步转换起、蹲快速；双手滑握戳、摔棍协调一致。

仆步 003

传统术语：鹰鹞落草。

现代术语：仆步摔棍。

源流：五虎群羊棍第九式。

技法：拨、劈。

. . . .

动作过程： （1）右手持棍把置于右胸前，棍梢向上。右脚向右前
方上步；同时，右手拨棍，棍梢由身体右侧向前、向
下、向后立圆拨棍，随即棍把由身体左侧向下拨棍，左
手接握棍身。

（2）接上动，左脚向右前方上步，右腿屈膝成左仆
步；同时，双手持棍上举，棍梢由上向前下摔棍至左腿
内侧，右手持把端，左手按压棍身；目视棍梢。

动作要点： 舞花立圆贴身；摔棍力达棍身。

仆步 004

传统术语：浪花翻滚。

现代术语：转身仆步摔棍。

源流：五虎群羊棍第十三式。

技法：拨、挑、劈。

....

动作过程： （1）右手屈臂持棍把置于体前；目视前方。

（2）左脚向左前方上步，随即蹬地起跳，身体向右转体180°，右脚、左脚跳换步依次落步，右腿屈膝成左仆步；同时，棍梢向上由身体左侧向右、向下、向后、向上贴身立圆舞花，双手持棍展臂托棍上举，右手滑把至棍把端，棍梢由上向前下劈、摔棍至左腿内侧，棍梢贴地；目视棍梢。

动作要领： 舞花棍贴身立圆；跳转身摔棍动作协调、流畅，摔棍力达棍梢。

仆步 005

传统术语：金牛卧地。

现代术语：平抡棍仆步抱棍。

源流：少林达摩棍第三十四式。

技法：抡、挡。

....

动作过程：双手持棍把置于右肩上，身体微右转，随即右脚向前上
　　　　　　　步，身体向左转体180°，右腿屈膝成左仆步；同时，
　　　　　　　双手抡棍由右向左平圆抡扫一周至胸前，右手屈臂持棍
　　　　　　　把置于右肩前，左手滑把直臂托棍，棍梢向左，略低于
　　　　　　　肩；目视前方。

动作要点：抱棍与仆步同时完成；平抡棍力达棍梢。

仆步 006

传统术语：倒劈华山。

现代术语：仆步劈棍。

源流：查棍三十六棍第四式。

技法：劈、拨。

动作过程：（1）双手持棍置于体前，棍把端向上，棍梢向下；目
视右前方。

（2）右脚向前方上步，左腿屈膝成右仆步；同时，左
手持棍梢，右手持棍身，身体微右转，棍把由前向下、
向后沿身体右侧立圆抡摆一周，随即由上至下摔把于右
腿内侧，棍把贴地；目视棍把。

动作要点：劈、摔棍立圆舒展；摔把力达棍把。

仆步 007

传统术语：柴河翻车。

现代术语：仆步劈棍。

源流：六合九洲棍第十九式。

技法：劈。

动作过程： 左脚向左前方上步，随即蹬地起跳，身体腾空仰身向右
转体360°，右脚落步屈膝成左仆步；同时，双手持棍
随转体展臂托棍上举，棍梢经上向前下劈，摔棍至左腿
内侧；目视棍梢。

动作要点： 跳步轻灵，空中跳转身举棍展胸挺腹；摔棍迅猛，力达
棍梢。

仆步 008

传统术语：力劈华山。

现代术语：仆步劈棍。

源流：少林疯魔棍第十一式。

技法：劈。

....

动作过程： 左脚向前方上步屈膝成马步；双手持棍上举向身体左侧
下劈。随即身体向右转体180°，右脚向身体右前方上
步，左腿屈膝成右仆步；同时，右手持棍把端上举，左
手滑把至棍身，随即棍梢向前、向下劈摔至右腿内侧，
左臂随转体摔棍摆至身体左侧上方，掌指斜向上，掌心
向前；目视棍梢。

动作要点： 转身迅捷，摔棍立圆，力达棍梢。

仆步 009

传统术语：淡扫秋水。

现代术语：仆步横扫。

源流：伏魔棍第三式。

技法：扫。

动作过程：（1）左脚向前方上步，右手反握棍把前压，左手持棍身藏
于右腋下，棍把指向前方，随即重心右移，右手持棍把，
棍身由左肩向身体后方绕头至身体右侧；目视右前方。

（2）接上动，左腿屈膝下蹲，右腿直膝向前扫腿半周，身
体左转180°，成右仆步；同时，右手持棍把，棍梢由身体
右侧向左平圆抡扫，左手接棍，屈臂持棍身置于胸前，右手
扣腕反握棍把，棍把指向右前方；目视棍把。

动作要点：扫腿发力腰带、胯随，快速连贯；扫腿与抡棍同时完成。

仆步 010

传统术语：兜头盖脸。

现代术语：仆步摔棍。

源流：少林齐眉棍第九式。

技法：劈。

....

动作过程： 左手持棍把端，右手持棍身横于体前。左脚向左前方上
步，右腿屈膝成左仆步；同时，双手滑把换握，右手持
棍把端，左手持棍身，由身体右侧向上、向前、向下摔
棍至左腿内侧，棍梢贴地；目视棍梢。

动作要点： 双手滑把交换握棍部位灵活准确；摔棍力达棍梢。

仆步 011

传统术语：拔草寻蛐。

现代术语：仆步藏棍。

源流：查棍一百单八棍第三十五式。

技法：扫。

....

动作过程：右手屈臂持棍把置于身体右侧。左脚向左前方上步，
右腿屈膝成左仆步；身体左转，左手抓握棍把，由右
向前、向左下方抡扫，棍把藏至左臂后方；同时，右
掌向身体右斜上方穿出，掌指斜向上，掌心向前；目
视左前方。

动作要点：左右手接换棍快速准确；扫棍平圆，力达棍梢。

1.4 歇步

歇步 001
传统术语：枯树盘根。
现代术语：歇步劈棍。
源流：少林达摩棍第四十四式。
技法：劈。

- -

动作过程：（1）右手持棍把端，左手持棍身，上举棍置于身体左侧，棍梢向上。右脚向前方上步；同时，双手持棍向头上方展臂举棍，棍梢指向左下方。

（2）接上动，左脚向右脚前盖步，双腿交叉屈膝全蹲成左歇步；同时，棍梢由上向下劈打，右手持棍把端置于右胯处，左手持棍直臂下压，棍梢指向身体左侧；目视棍梢。

动作要点：持棍下劈立圆；劈棍力达棍梢。

歇步 002

传统术语：摘心挖眉。

现代术语：歇步绞棍。

源流：疯魔棍第七式。

技法：绞。

动作过程：左脚向后撤步，双腿交叉屈膝全蹲成右歇步；同时，
　　　　　双手持棍，左手直臂托棍于胸前，右手持棍把向左、向
　　　　　下、向右立圆绞动，绞棍高不过头；目视棍梢。

动作要点：棍梢立圆绞动，力达棍梢端。

歇步 003

传统术语：观音坐莲。

现代术语：歇步藏棍。

源流：查棍一百单八棍第九式。

技法：撩。

· ·

动作过程： （1）右手屈臂持棍把置于右胸前，棍梢向上，与肩同
高，左手落于左腿外侧。

（2）右脚向后撤步，双腿交叉屈膝全蹲成左歇步；同
时，右手持棍把，左手向上拨棍，棍梢在体前由左向
上、向右立圆提撩至右臂上方，右手持棍屈臂置于胸
前，手心向上，棍身横于身体前方，左手划弧掌心向下
扶按于右手上方，掌指向右；目视左前方。

动作要点： 左手发力托撩棍身，与歇步动作协调一致。

歇步 004

传统术语：改弦易辙。

现代术语：歇步压棍。

源流：六合九洲棍第八式。

技法：压。

动作过程：左脚向左横跨一步，以双脚掌为轴，身体向左转体
　　　　　180°，双腿交叉屈膝全蹲成左歇步；同时，双手持棍
　　　　　屈臂由上向下压棍于胸前；目视左前方。

动作要点：转身压棍动作紧凑快速，压棍力达棍身。

歇步 005

传统术语：黄莺上架。

现代术语：歇步架棍。

源流：查棍一百单八棍第三十六式。

技法：架。

....

动作过程：右脚向前方上步，脚尖外展，双腿交叉屈膝全蹲成右
歇步；同时，右手屈臂持棍把向头上方架挡，棍梢向
前；左掌由左腰间立掌直线向前推出，力达掌根；目
视前方。

动作要点：歇步屈蹲、上架棍、前推掌动作协调一致。

1.5 虚步

虚步 001
传统术语：罗汉托枪。
现代术语：虚步托棍。
源流：少林烧火棍第二十式。
技法：挑。

动作过程： （1）双手持棍，右手持棍把置于左胯旁，左手扶握棍身，棍梢向上。

（2）右腿屈膝半蹲，左脚脚尖前点成左虚步；同时，棍梢由身体左侧经上向后、向下、向前挑击，右手持棍把屈臂置于右胯旁，左手屈臂前托棍身，棍梢斜向上；目视棍梢。

动作要点： 挑棍与虚步动作协调一致；挑棍力达棍梢。

虚步 002

传统术语：背躬射雁。

现代术语：虚步劈棍。

源流：少林烧火棍第三十四式。

技法：劈。

- -

动作过程：（1）双手持棍于头上方展臂举棍，右手持棍把端，左手持棍身，棍梢指向身体后方。

（2）右腿屈膝半蹲，左脚脚尖前点成左虚步；同时，双手持棍由上向下劈打，右手持棍把屈臂置于右胯旁，左手直臂按压棍身，棍梢斜向上；目视棍梢。

动作要点：虚步与劈棍动作协调一致；劈棍力达棍梢。

虚步 003

传统术语：虎视平原。

现代术语：虚步藏棍。

源流：五虎群羊棍第二式。

技法：挑。

- -

动作过程：（1）右手屈臂持棍把，立棍于身体右侧；目视前方。

（2）左掌由下向左前方塌腕挑掌。右脚抬起向身体右侧踢棍身，随即落步；同时，右手单手持棍把，屈臂水平持棍随身绕带上挑于右肩前，棍梢指向身体左前方；左手划弧立掌附于右腕处；目视右后方。

（3）接上动，右腿屈膝半蹲，左脚脚尖前点成左虚步；同时，左掌立掌直线向前推出；目视左掌方向。

动作要点：虚步立身、塌腰松胯；虚步与踢棍、上挑把协调一致。

虚步 004

传统术语：摇头转驱。

现代术语：虚步托棍。

源流：五虎群羊棍第五式。

技法：劈、托。

- -

动作过程：（1）左脚向前方上步，右手持棍把由身体左、右两侧
立圆舞花，身体向右转体180°。随即右脚向身体后方
撤步，左脚跟步收于右脚内侧；同时，右手持棍把由左
向右平圆抢扫后架至右肩上，棍身贴于肩背后侧。

（2）接上动，右腿屈膝半蹲，左脚脚尖前点成左虚
步；同时，右手持棍，棍身由上向下、向体前劈落，右
手屈臂托棍把置于右胸处，左手持棍身按压于身体前
侧，棍把藏于右腋下，棍梢指向前下方；目视前方。

动作要点：舞花棍立圆；转身平抢、劈与步法协调一致。

虚步 005

传统术语：首尾相顾。

现代术语：虚步转体。

源流：五虎群羊棍第八式。

技法：劈。

....

动作过程：（1）右脚向右前方上步，左腿屈膝全蹲成右仆步；同
时，左手持棍梢，右手反握棍身上举，双手持棍由上向
下劈击，棍把摔于右腿内侧。

（2）接上动，重心前移，左脚内扣向右脚前方上步，
身体向右转体180°，随即右脚后撤一步，左脚向右脚
并步；同时，左手滑握至棍把，双手合握棍把由左向右
后平圆抡扫，棍架至右肩上，棍身贴于肩背后侧，左手
立掌划弧附于右胸处。

（3）接上动，右腿屈膝半蹲，左脚尖前点成左虚步；同
时，双手持棍由上向前下劈击，右手持棍把屈臂于右胸
处，棍把藏于右腋下，左手于体前托握棍身；目视前方。

动作要点：棍抡扫平圆，力达棍梢；劈棍快速有力，力达棍梢。

虚步 006

传统术语：转身撩阴。

现代术语：虚步点棍。

源流：五虎群羊棍第十四式。

技法：点。

动作过程：右脚向前上步，双手持棍把沿身体左、右两侧立圆
舞花。左脚向前上步脚尖前点成左虚步；同时，双
手持棍，棍梢由上向下点落，右手持棍把屈臂于右
胸处，左手于体前托握棍身；目视棍梢。

动作要点：虚步立身，塌腰松胯；舞花立圆，与劈、点棍衔接
紧密。

虚步 007

传统术语：白猿背棍。

现代术语：虚步背棍。

源流：五虎群羊棍第二十三式。

技法：架。

动作过程： 右腿屈膝半蹲，左脚脚尖前点成左虚步；双手持棍，右手持棍把，由右胯旁上举架至头上方，左手持棍梢，置于身体左后侧，棍梢斜向下；目视左前方。

动作要点： 虚步立身、塌腰松胯，屈蹲成虚步与架棍动作协调一致；架棍力达棍身。

虚步 008

传统术语：琵琶式。

现代术语：虚步抱棍。

源流：五虎群羊棍第二十七式。

技法：戳。

....

动作过程：右腿屈膝半蹲，左脚脚尖前点成左虚步；同时，双手持
棍划弧向身体右侧回拉，随即右手屈臂持棍，左手屈臂
托棍催肘前戳，棍梢指向斜上方；目视棍梢。

动作要点：虚步立身、塌腰松胯；催肘戳棍迅捷制动，戳棍力达棍
梢端。

虚步 009

传统术语：猛虎调尾。

现代术语：转身虚步藏棍。

源流：五虎群羊棍第十八式。

技法：抡、撩。

动作过程：（1）双手持棍把置于左肩上。右脚向右前方上步，随即左脚向右脚前方扣脚上步，身体向右转体360°；同时，右手持棍由左向右平圆抡扫，背棍于身后，棍梢指向左上方。

（2）接上动，右脚向右前方上步，左脚随之并步，右腿屈膝半蹲，左脚脚尖前点成左虚步；同时，右手单手持棍沿身体右侧立圆上撩，双手持棍把举至头上方，把端向上，随即向体前立圆劈落，右臂屈臂持棍藏于腋下，左手直臂托握棍身；目视前方。

动作要点：转身双脚摆扣灵活迅捷，步法与棍法协调一致，抡棍平圆，劈棍立圆。

虚步 010

传统术语：云里拨灯。

现代术语：虚步把拨棍。

源流：少林达摩棍第五十式。

技法：拨。

动作过程：右臂背棍横向打开，棍把置于身体右侧，左臂直臂向身
　　　　　体左侧打开；目视右前方。右腿屈膝半蹲，左脚脚尖前
　　　　　点成左虚步；同时，右手持棍由身体右侧向体前横拨，
　　　　　棍把向前，棍把与肩平，左掌立掌屈臂收抱至右腕处；
　　　　　目视棍把。

动作要点：虚步与横拨带棍协调一致；拨棍力达把端。

虚步 011

传统术语：挑灯拨火。

现代术语：虚步云拨棍。

源流：少林达摩棍第五十二式。

技法：拨。

动作过程：右手持棍把水平背于身后，左臂水平打开置于身体左
　　　　　侧，随即右手持棍由右向左在头上方平云至左肩处。右
　　　　　腿屈膝半蹲，左脚脚尖前点成左虚步；同时，左手换握
　　　　　棍把，随云棍动作至体前，左手直臂拨棍，棍把藏于
　　　　　左腋下，棍梢向前；右手松开棍把后变立掌附于左胸外
　　　　　侧；目视前方。

动作要点：云拨棍平圆绕动；拨棍力达棍梢。

虚步 012

传统术语：手牵天犬。

现代术语：高虚步拖棍。

源流：查棍一百单八棍第二式。

技法：抢、挡。

- -

动作过程： （1）右手持棍把置于右肩上。左脚向左前方上步，右脚
向左脚前扣脚上步，身体向左转体360°；同时，右手持
棍由右向左随转体平圆抢扫一周，换左手抓握棍把端向左
侧伸出，右手变掌收至右腰间，掌心向上。

（2）接上动，左脚脚尖前点成左高虚步；同时，右手向
身体右斜上方插掌，掌指向前，掌心向左；左手持棍把收
至左胯旁，棍梢置于体后；目视掌指方向。

动作要点： 转身迅捷，平抢棍力达棍梢；棍把换手灵活准确，动作协
调一致。

虚步 013

传统术语：鸣金收兵。

现代术语：高虚步插掌。

源流：查棍一百单八棍第二十六式。

技法：抛。

动作过程：（1）右手体前持棍把端，棍梢落于身体左侧。左脚向左
横跨一步，身体左转，右手经体前左侧推送棍身，随即脱
把向上抛棍，左手伸出，接握棍把端回收至左胯旁，棍梢
置于身体左斜后方，随即右掌收至右腰间；目随棍动。

（2）接上动，右腿微屈膝，左脚向右前方脚尖前点
成左高虚步；同时，右手沿身体右侧斜向上方插
掌，掌指斜向上，掌心向左；目视左前方。

动作要点：抛接棍换手接握准确；高虚步、插掌
动作连贯协调。

虚步 014

传统术语：小僧上香。

现代术语：虚步格棍。

源流：少林阴手棍第十一式。

技法：格。

动作过程：双手体前水平持棍，左手持棍把端，右手持棍身。右脚
向前方上步，屈膝半蹲，左脚随即上步脚尖前点成左虚
步；同时，右手持棍身上托于身体右前方，左手持棍把
上架于头上方，棍梢向右前下方格棍，棍梢斜向下；目
视棍梢。

动作要点：上步迅速，虚步与格棍同时完成；格棍力达棍身。

虚步 015

传统术语：当头棒。

现代术语：高虚步劈棍。

源流：飞龙虎棍第五式。

技法：劈。

动作过程： 双手体前持棍，左手持棍把端，右手持棍身，棍梢指向
身体右侧。左脚向左前方上步，微屈蹲，右脚随之脚尖
前点成右高虚步；同时，身体右转，双手持棍，棍梢由
身体右侧向下、向后、向上立圆体前劈击，右手直臂按
压棍身，左手屈臂持棍把至右胸前；目视棍梢。

动作要点： 高虚步脚掌前点迅捷；抡劈立圆，力达棍梢。

虚步 016

传统术语：提拦棍。

现代术语：高虚步拦棍。

源流：飞龙虎棍第十四式。

技法：拦。

动作过程：双手体前持棍，棍梢置于身体右侧。右脚向前方上步，
　　　　　膝微屈，随即左脚上步脚尖点地成左高虚步；同时，双
　　　　　手持棍沿身体右侧，棍梢由上向下、向前上方于体前拦
　　　　　击，双手举棍高于头，棍梢斜向体前；目视棍身。

动作要点：上步迅捷，拦棍动作力点准确，力达棍身。

虚步 017

传统术语：南蛇翻脐。

现代术语：高虚步架棍。

源流：飞龙虎棍第三十四式。

技法：架。

动作过程：（1）双手体前持棍，棍梢置于身体右侧。左脚向前上
步；同时，双手持棍由下向左斜前方架挡于身体左侧，
棍梢斜向下。

（2）接上动，身体微右转，重心前移，随即右脚脚尖
点地成右高虚步；同时，双手随转体持棍架挡于身体右
前方，左手持棍把端上架于头上方，右手持棍身直臂格
挡于身体右侧，棍梢斜向下；目视前方。

动作要点：连续架挡动作连贯，与步法协调一致；架挡棍力达棍身。

虚步 018

传统术语：袖藏青蛇。

现代术语：虚步击棍。

源流：查棍三十六棍第十三式。

技法：挡。

动作过程： 右手持棍把，左手持棍身，棍横于体前，棍梢置于身体
左侧。右腿屈膝半蹲，左脚脚尖前点成左虚步；同时，
右手持棍把向右斜前方横击，左手屈臂回收于左胸前；
目视棍把。

动作要点： 虚步立身、塌腰松胯；格挡瞬间发力，力达棍把。

1.6 并步

并步 001
传统术语：黑虎调尾。
现代术语：并步戳把。
源流：五虎群羊棍第六式。
技法：戳。

动作过程：（1）右脚向右横跨一步，双腿微屈，右手屈臂持棍
身，左手直臂托棍梢，棍身横于体前；目视左前方。
（2）接上动，左脚向右脚并步；同时，双手持棍，棍
把直线向右前方顶击；目视棍把。
动作要点：戳把短促有力，与并步协调一致；戳把力达棍把端。

并步 002

传统术语：悟空挑桃。

现代术语：并步崩棍。

源流：查棍三十六棍第二十五式。

技法：崩。

动作过程：（1）右手屈臂持棍把端置于体前，棍梢指向身体前方，
左手落于左腿外侧；目视正前方。

（2）左脚向前方上步，右脚向左脚并步震踏；同时，双
手持棍把端提腕下点棍，随即右手沉腕带棍回收于腹前，
左手持棍向前滑把按压，棍梢向上崩起；目视棍梢。

动作要点：双腿并拢屈蹲快速；双手持棍于体前崩棍短促迅捷，力
达棍梢。

并步 003

传统术语：渊亭山立。

现代术语：并步背棍。

源流：查棍一百单八棍第四十九式。

技法：抢。

动作过程：（1）双手持棍把置于左肩上；目视左前方。

（2）右脚向右前方上步，脚尖外展，左脚向右脚前方扣脚上步，身体向右转体360°，随即右脚向右横跨一步；同时，右手持棍，棍梢随转体由左向右在头部上方平圆抢扫一周后置于右肩上，右臂微屈，棍把斜向身体右上方，略高于头，棍梢向左斜下方，左手立掌回收于右胸外侧。

（3）接上动，左脚向右脚并步直立；左手立掌向左前方推掌；目视左前方。

动作要点：转身抢棍与并步快速制动，动作协调一致；抢棍力达棍梢。

并步 004

传统术语：太公钓鱼。

现代术语：并步点棍。

源流：疯魔棍第二十七式。

技法：点。

动作过程：右脚后撤一步，左脚收并于右脚旁；同时，双手持棍把
　　　　　　端直臂提腕，棍梢向前下方点击；目视棍梢。

动作要点：撤步迅疾，动作连贯流畅；点棍力达棍梢。

并步 005

传统术语：反点璇机。

现代术语：反点盖把。

源流：伏魔棍第十三式。

技法：盖。

动作过程： （1）右手屈臂持棍把置于身体右侧，棍梢向上，与肩同高，左手落于左腿外侧；目视前方。

（2）左脚上步，随即右脚上步与左脚并步；同时，双手持棍，棍把由下向后、向上、向前立圆盖把，右手持棍把直臂按压，左手持棍身屈臂至右胸处，棍身置于右腋下；目视棍梢方向。

动作要点： 右脚上步并拢快速制动，与盖把协调一致；盖把力达棍把。

1.7 勾步

勾步 001
传统术语：巧女纫针。
现代术语：勾步圈挑。
源流：六合棍二合第五式。
技法：挑。

动作过程： 右脚由后向前勾脚踢击，随即脚跟落地，左腿微屈
蹲；同时，双手持棍，棍梢经身体左侧由下向上挑
击，右手持棍把端置于右胯旁，左手持棍身直臂按
压，棍梢斜向上；目视棍梢。

动作要点： 右脚勾踢与挑棍同步完成，动作协调一致；挑棍力达
棍梢。

1.8 坐盘

坐盘 001
传统术语：罗汉盘花。
现代术语：抢棍坐盘。
源流：少林风魔棍第十五式。
技法：抢。

动作过程：双手持棍把置于右肩上。左脚向后撤一步，身体随即
向左后方转体，双腿交叉叠拢下坐成坐盘；同时，双
手持棍随转体由右向左平圆抢扫一周于胸前抱棍，棍
身置于左肩上方；目视左前方。

动作要点：坐盘快速连贯平稳，腰向左拧转，双腿盘紧，臀部
坐地。

坐盘 002

传统术语：坐虎观山。

现代术语：拉棍坐盘。

源流：查棍三十六棍第二十式。

技法：抢。

- -

动作过程： 双手持棍把置于右肩上。左脚向身体后方撤步，右脚向左脚前扣脚上步，身体向左转体360°，随即左脚上步，双腿交叉叠拢成坐盘；同时，双手持棍随转体由右向左平圆抢扫一周，左手滑握棍身，右手持棍把屈臂拉棍至右肩前；目视左前方。

动作要点： 抢棍转身快速连贯，力达棍梢；坐盘平稳，腰向左拧转，臀部坐地。

1.9 独立步

独立步 001

传统术语：金鸡独立。

现代术语：提膝挑把。

源流：少林齐眉棍第五式。

技法：挑。

动作过程：（1）双手持棍，右手持棍把端屈臂置于左腰侧，左手
持棍身，立棍于身体右侧；目视右前方。
（3）右脚向右前方上步，随即左脚跟步，双腿微屈；
同时，双手持棍，左手滑把，棍梢由上向下按压，右手
持棍把置于右腰侧；目视棍梢。
（3）接上动，左腿提膝，右腿直立，成独立步；同
时，右手持棍把从腰间由下向前、向上挑打，左手持棍
梢置于左腰侧；目视棍把。

动作要点：提膝过腰，小腿斜垂内扣，身体中正；挑把力达棍梢。

独立步 002

传统术语：震山敲虎。

现代术语：提膝震脚。

源流：五虎群羊棍第三式。

技法：挑、挡。

动作过程：（1）右手屈臂持棍把置于右胸前，左手立掌，掌腕部托棍身，棍把置于身体右侧，棍身水平。右脚向左脚前方盖步，震脚下落，右手持棍把向身体右侧戳把；目视右前方。

（2）接上动，左腿提膝，右腿直立，成独立步；同时，右手持棍把架棍于右肩前侧，左掌屈臂立掌平架棍身；目视棍梢。

动作要点：提膝过腰，小腿斜垂内扣，支撑腿挺直；挡棍、提膝动作同步，协调一致。

独立步 003

传统术语：黄风卷天。

现代术语：提膝把劈棍。

源流：少林烧火棍第九式。

技法：劈。

动作过程：左腿提膝，右腿直立，成独立步；同时，双手持棍，右
手持棍把，左手持棍身，棍把在身体右侧由下向后、向
上、向前立圆劈击，左手滑把收至右腋下；目视棍把。

动作要点：提膝过腰，小腿斜垂内扣；提膝和把劈棍同步完成，力
达棍把。

独立步 004

传统术语：立马挡敌。

现代术语：提膝拦棍。

源流：少林烧火棍第三式。

技法：架、挡。

动作过程：（1）左脚向右前方上步，身体向右转体180°；同时，
双手持棍，棍梢经身体左侧由下向前、向上立圆撩
出；目随棍动。

（2）接上动，上体右转，右腿提膝，左腿
直立，成独立步；同时，双手持棍向身
体右前方架挡，左手持棍身上架于头
上方，右手持棍把直臂置于身体前
侧，棍梢斜向前；目视棍身。

动作要点：提膝过腰，小腿斜垂内扣；
架挡、提膝协调一致；
架棍力达棍身。

独立步 005

传统术语：指点江山。

现代术语：提膝藏棍。

源流：查棍一百单八棍第五式。

技法：抢。

动作过程：（1）右脚向右横跨一步，双腿微屈半蹲；同时，右手持棍把由左向右平圆抢扫，在头上云棍一周后至右腋下，棍把置于身体前侧；左掌回收至左腰间，掌心向上。

（2）接上动，重心右移，左腿提膝，右腿直立，成独立步；同时，右手持棍把向身体右侧横击，左掌于头上方架掌；目视棍把。

动作要点：提膝过腰，小腿斜垂内扣，支撑腿稳固；抢棍、云棍平圆，力达棍梢。

独立步 006

传统术语：推波阻澜。

现代术语：提膝藏棍。

源流：查棍一百单八棍第七式。

技法：抡。

动作过程：右脚向右横跨一步，双腿微屈半蹲；右手持棍把由左向右平圆抡扫，在头上云棍一周后至右腋下，棍把置于身体前侧，左掌回收至右腕上，掌心向下。随即重心右移，左腿提膝，右腿直立，成独立步；同时，右手持棍把由身体右侧向上戳击，直臂上举；左掌立掌向左前方推掌；目视左前方。

动作要点：提膝过腰，支撑腿稳固，提膝与推掌协调一致；抡棍、云棍平圆，力达棍梢。

独立步 007

传统术语：风扫残叶。

现代术语：提膝背棍。

源流：查棍三十六棍第十八式。

技法：抡。

动作过程：（1）双手持棍把置于左肩上。右脚向右前方上步，左脚向右脚前扣脚上步，身体向右转体360°；同时，右手持棍把随转体由左向右平圆抡扫，在头上方云棍一周。随即右脚向右前方跨步，左腿屈蹲成右仆步；右手持棍背棍于身后。

（2）上动不停，重心移至右腿，右腿支撑，左腿提膝；同时，左臂屈肘于左胸前盘肘；目视左前方。

动作要点：抡棍平圆；提膝过腰，支撑腿稳固，与盘肘协调一致；盘肘力达肘尖。

1.10 丁步

丁步 001
传统术语：顺风摆旗。
现代术语：丁步立棍。
源流：查棍三十六棍第六式。
技法：挡。

....

动作过程：（1）右手直臂持棍把端，棍梢指向身体右前方，左手
直臂置于身体左侧；目视棍梢。
（2）左脚向左前方跨
步，随即右脚收至左脚内
侧成丁步；同时，右手持
棍把端，棍梢向上提拉至
头上方时，左手抓握棍身
并滑握至棍梢，架挡于身
体左侧；目视右前方。
动作要点：撤步成丁步缓慢成型；双
手立棍，中正端庄。

2 步法

2.1 插步

插步 001

传统术语：风扫残云。

现代术语：插步拨棍。

源流：少林风魔棍第二式。

技法：拨、舞花。

动作过程： 左脚向右前方扣脚上步，身体向右转体360°，右脚向右横跨一步，随即左腿向右腿后方插步；同时，双手提撩舞花背棍，棍把端向身体右斜下方拨挡，背棍棍身贴于左肩后侧，左掌立掌摆至右胸外侧，身体向右后拧转；目视棍把。

动作要点： 提撩舞花棍立圆；转身插步与拨挡迅捷连贯，拨棍力达棍把。

插步 002

传统术语：扭丝式。

现代术语：插步绞把。

源流：少林烧火棍第二十六式。

技法：绞。

动作过程：右脚向右横跨一步，左脚向右脚右后侧插步，随即右
　　　　　脚撤步（重复交替两次）；同时，双手持棍，右手持棍
　　　　　把，左手持棍梢，棍把在身体右侧由左向下、向右、向
　　　　　上立圆绞绕；目视棍把。

动作要点：棍把绞圆由慢至快，步法连贯，步法与绞把协调一致。

插步 003

传统术语：三绞缠丝。

现代术语：插步绞棍。

源流：少林猿猴棍第十三式。

技法：绞。

- -

动作过程：左腿微屈，右脚向左腿斜后方插步，前脚掌着地；同时，右手持棍把，左手直臂托握棍身，向身体左斜前方由左向下、向右立圆绞绕；目视棍梢。

动作要点：插步、绞棍同步；绞棍由慢至快，连贯完整。

插步 004

传统术语：回马枪。

现代代语：插步戳棍。

源流：少林疯魔棍第四十五式。

技法：戳。

动作过程： 身体稍向左转，右脚向左脚后方插步；同时，右手持棍
把端，棍梢向身体左前下方戳击，左手滑握至右手处；
目视棍梢。

动作要点： 插步与戳棍协调一致，力达棍把端。

插步 005

传统术语：扭转乾坤。

现代术语：插步抢把劈棍。

源流：查棍三十六棍第二十八式。

技法：劈、舞花。

....

动作过程： （1）右脚向前上步；同时，双手持棍，在身体左、右
两侧舞花；目视前方。

（2）接上动，左脚向前上步，身体右转；同时，右手
持棍把，棍梢在身体右侧由下向后、向上立圆拨棍后背
棍于右臂后；目视前方。

（3）接上动，身体向右转体180°，随即右脚向右前方
上步；同时，右手背棍，棍把经身体左侧由左向上、向
右立圆下劈，左手立掌附于右胸外侧；目视棍把。

动作要点： 舞花棍立圆；转身抢劈棍快速，力达棍把。

插步 006

传统术语：大圣戏月。

现代术语：插步抢劈棍。

源流：少林风魔棍第九式。

技法：劈、拨、舞花。

动作过程： 左脚向右脚后方插步，身体向左转体180°，双腿屈蹲
成马步；同时，双手持棍，棍梢经身体左侧由下向上立
圆舞花，随即在身体右侧由下向上、向前方立圆劈击，
左手持棍把至左胯旁，右手持棍身直臂按压，棍梢斜向
上；目视棍梢。

动作要点： 舞花棍立圆；拨、劈棍清晰流畅，动作协调一致，力达
棍梢。

插步 007

传统术语：直捣黄龙。

现代术语：插步下戳棍。

源流：二路达摩棍第二十一式。

技法：戳。

动作过程：右脚向右横跨一步，随即左脚向右脚后方插步；同时，
右手持棍把直线向身体右下方戳顶，左手滑把至棍梢，
屈臂持棍梢置于胸前；目视棍把。

动作要点：插步与下戳棍协调一致；戳棍力达棍把端。

插步 008

传统术语：凤凰点头。

现代术语：插步下点棍。

源流：少林风魔棍第十八式。

技法：点。

动作过程：左脚向右脚后方插步；同时，双手持棍把，棍梢经身体左侧向上、向右、向下立圆摆落，棍梢端点地；目视棍梢。

动作要点：插步与点棍动作协调一致；点棍力达棍梢端。

插步 009

传统术语：叠手一棍。

现代术语：插步劈棍。

源流：六合九洲棍第十三式。

技法：劈。

动作过程：（1）左脚向左横跨一步；同时，双手持棍由身体右侧
向上、向前、向左立圆劈击，右手持棍屈臂置于右胯
旁，左手直臂握棍身，棍梢斜向上；目视棍梢。

（2）接上动，右脚向左脚后方插步；同时，左右手换
把，棍把经身体右侧由上向左下劈打，右手持棍身屈臂置
于腹前，左手持棍把直臂按压于身体左侧；目视棍把。

动作要点：换把灵活，劈棍力达棍梢；劈把力达棍把。

插步 010

传统术语：巧女挑簾。

现代术语：插步挑棍。

源流：六合九洲棍第二十四式。

技法：挑。

动作过程：右脚向右横跨一步，随即左脚向右脚后方插步；同时，
双手持棍，棍梢由身体左后侧经下向前弧形上挑，右
手持棍把屈臂置于右胯旁，左手直臂托握棍身；目视
棍梢。

动作要点：棍梢由下向上挑棍轻巧清晰，身随棍移；挑棍力达
棍梢。

2.2 盖步

盖步 001

传统术语：东波点睛。

现代术语：盖步戳把。

源流：查棍三十六棍第三十一式。

技法：戳。

动作过程： 右脚向左脚前方盖步；同时，双手持棍，棍梢由身体右侧向上、向左、向下弧形摆至胸前，随即双手持棍向身体右侧戳把，棍身与肩同高，右手直臂持棍把至身体右侧，左手持棍身屈臂至胸前；目视棍把。

动作要点： 抬脚、转体、盖步连贯、顺畅、紧凑；棍把直线向右戳击，力达棍把端。

盖步 002

传统术语：鸾回凤翥。

现代术语：盖步点棍。

源流：疯魔棍第二十三式。

技法：点。

动作过程：左脚向左横跨一步，身体左转，随即右脚向左脚前方
　　　　　盖步；同时，双手持棍，棍梢由身体左侧由右向下、向
　　　　　左、向上拨棍，随即举棍下点；目视棍梢。

动作要点：盖步与点棍连贯顺畅；点棍力达棍梢。

2.3 击步

击步 001

传统术语：旱地拔葱。

现代术语：击步旋风脚。

源流：查拳体系查棍。

技法：挂。

动作过程：（1）右手背棍，左脚向左前方上步蹬地跳起，右脚在空中与左脚相碰，左右脚依次落步；同时，左掌立掌向前水平推出；目视前方。

（2）接上动，身体左转，右脚向前扣脚上步；同时，右手背棍，棍把由下向上摆动，左掌屈臂收至右胸前；目视前方。

（3）接上动，上体向左上方拧转，右脚蹬地起跳，左腿向左上方摆起；同时，左手随转体向身体左上方抡摆；目视前方。

（4）接上动，右脚直腿向上、向左摆踢，身体在空中继续左转；同时，左手击拍右脚掌；目视左手。

（5）双脚同时落地；目视前方。

动作要点： 蹬地、转体过程中身体中正；击拍响亮。

2.4 跳步

跳步 001

传统术语：大圣追妖。

现代术语：跳步背棍。

源流：少林猿猴棍第八式。

技法：拨。

动作过程：左脚上步蹬地，右脚抬起跳换步，随即左脚向前落步成
　　　　　左弓步；同时，右手持棍把，随身体转动左右立圆做腕
　　　　　花至身体右后背棍，棍身贴于背部；左手立掌向前直线
　　　　　推出；目视左掌方向。

动作要点：跳步轻灵；左右拨棍立圆连贯流畅。

跳步 002
传统术语：探竿寻日。
现代术语：跳步戳棍。
源流：少林穿梭棍第十五式。
技法：戳。

动作过程：双脚同时跳起，身体向右转体180°，下落后左腿全蹲
成右仆步；同时，双手持棍，随起跳从身体左侧由下向
右前上方弧形戳击，左手屈臂持棍把至腹前，右手直臂
持棍身至身体右侧，棍梢斜向上；目视棍梢。

动作要点：跳步轻灵，仆步和戳棍协调一致；戳棍力达棍梢端。

跳步 003

传统术语：猛虎跃溪。

现代术语：跳步劈棍。

源流：飞龙虎棍第十七式。

技法：劈。

………………………………………………

动作过程：双手持棍，右脚蹬地起跳，左脚原地下落，微屈膝，右
　　　　　　脚向前落步，脚尖点地成右高虚步；同时，双手持棍，
　　　　　　棍梢在身体右侧由下向后、向上、向前立圆劈打，左手
　　　　　　持棍把端至左胯旁，右手直臂按压棍身，棍梢斜向上；
　　　　　　目视棍梢。

动作要点：双脚腾空依次落地，动作连贯；劈棍力达棍梢。

跳步 004

传统术语：分风劈流。

现代术语：跳步左右仆步劈棍。

源流：二路达摩棍二十七式。

技法：劈。

动作过程：（1）左脚蹬地起跳，右脚原地下落屈膝全蹲，左脚向身体左侧落步成左仆步；同时，双手持棍，向身体右后方提拉，随即举棍向下摔棍，棍身贴于左腿内侧；目视棍身。

（2）接上动，右脚蹬地起跳，左脚落步屈膝全蹲，右脚向身体右侧落步成右仆步；同时，双手换把，左手持棍把端，右手持棍身，双手举棍，随即由上向下摔棍，棍身贴于右腿内侧；目视棍身。

动作要点：跳步轻灵；左右摔棍快速连贯，力达棍梢。

跳步 005

传统术语：兔子蹬鹰。

现代术语：跳步踢棍。

源流：少林齐眉棍第二十一式。

技法：劈。

动作过程：左脚蹬地起跳，右脚落步支撑，左脚向正前方蹬踢；
　　　　　同时，双手持棍在身体左侧立圆绕环，随即由上向下劈
　　　　　击；目视棍梢。

动作要点：跳步轻快；蹬腿、劈棍同步；劈棍力达棍梢。

跳步 006

传统术语：量天尺。

现代术语：跃步劈棍。

源流：六合九洲棍第二十三式。

技法：劈。

....

动作过程： （1）右腿屈膝，左脚脚尖前点成左高虚步；同时，双手
持棍，棍梢由上向下劈打，棍梢斜向上方；目视前方。

（2）接上动，重心前移，左脚蹬地跳起，右脚落步，
随即左脚落步成左高弓步；同时，右手滑把至棍梢，左
手持棍身，棍把立圆由上向前劈打，棍梢斜向上方；目
视前方。

（3）接上动，重心前移至左脚，左脚蹬地跳起，右脚落
步挺膝，随即左脚落步成左高弓步；同时，右手滑把至棍
把，左手持棍身，棍梢立圆由上向前劈打；目视前方。

动作要点： 换手灵活；劈棍与跃步协调一致，连贯完整；劈棍力达
棍梢。

3 平衡

3.1 直立式

直立式 001
传统术语：凤凰双展翅。
现代术语：背棍望月平衡。
源流：少林烧火棍十七式。
技法：撩。

动作过程：右脚上步，屈膝半蹲，左脚脚尖点地；同时，双手持棍，在
身体右侧棍梢由前向下、向后立圆绕动至右腋下藏棍，棍把向
前。随即右腿挺膝支撑，左腿小腿屈收上撩，脚掌向上；同
时，躯干侧倾向支撑腿同侧方向拧腰上翻，挺胸塌腰，身体与
地面成水平；同时，右手背后背棍，棍把向身体右后斜上方反
撩；左手架掌于头部左前方，略高于头；目视右后方。
动作要点：支撑腿稳固，上身挺胸右拧；左小腿上撩与反撩棍同时完成。

3.2 屈蹲式

屈蹲式 001
传统术语：童子拜佛。
现代术语：盘腿平衡架棍。
源流：少林齐眉棍第三十四式。
技法：架。

动作过程： 右手持棍把屈臂置于右肩前，左手贴靠于左腿外侧。右
腿屈蹲至大腿水平，左腿屈膝外展落于右腿上；同时，
右手持棍，棍梢向身体左侧下落至水平；左手立掌屈
臂，双臂环抱于胸前；目视前方。
动作要点： 盘腿水平，支撑腿稳固。

4 跳跃

4.1 直体

直体 001
传统术语：跟斗云飞。
现代术语：侧空翻。
源流：查拳体系查棍。
技法：摆。

动作过程： 右手背棍，棍身贴于肩背部。左脚向前上步蹬地起跳，
上体向左下方侧倾；同时，右腿向后上直摆，随后左腿
向后上方摆动，双腿在空中依次直摆，身体空中侧翻成
倒立状，随后双脚依次落地；目视前方。
动作要点： 空中双腿伸直，依次迅速直摆，腾空高，翻转快。

直体 002

传统术语：猴王登云。

现代术语：腾空飞脚。

源流：查拳体系查棍。

技法：踢。

动作过程：右手背棍，棍身贴于肩背部。右脚上步蹬地起跳，左
脚向前上方摆动，屈膝收于腹前，小腿内收，脚面绷
直，随即右腿向前上方直腿摆动，左掌击拍右脚背；
目视前方。

动作要点：空中左膝于腹前收紧；右脚脚尖过肩，击拍响亮。

直体 003

传统术语：金蛇狂舞。

现代术语：腾空背棍提膝冲拳。

源流：五虎群羊棍第二十八式。

技法：抢。

<hr/>

动作过程：（1）双手持棍把置于左肩上。右脚向右前方上步，左
脚向右脚前方扣脚上步，身体向右转体360°，随即右
脚向右横跨一步；同时，右手持棍把由左向右平圆抢扫
一周后背棍；左掌划弧立掌置于右胸处；目随棍动。

（2）接上动，左脚弧形上步蹬地起跳，右腿屈膝上提，
脚面绷直；同时，左掌变拳向前直线冲出；目视前方。

动作要点：背棍、腾空、冲拳协调一致；空中身体正直，提膝过腰；
冲拳力达拳面。

直体 004

传统术语：虎跳南山。

现代术语：提膝跳背棍。

源流：少林烧火棍二十七式。

技法：挂。

动作过程：左脚向前上步，随即蹬地起跳，左腿伸直，右腿屈膝上提，脚面绷直，上体右转；同时，右手背棍至身后，棍把斜向身体后下方；左掌由下向上摆至头部左上方，掌指斜向上；目视右后方。

动作要点：空中身体中正；展体摆臂；提膝过腰。

直体 005

传统术语：孙圣降妖。

现代术语：跳仆步摔棍。

源流：少林猿猴棍第九式。

技法：挑、劈。

动作过程：（1）右手背棍，双脚蹬地腾空向右转体180°，舒胸展腹，双腿屈膝后抬；同时，右手在身体右侧挑棍后左手接棍，双手持棍上举；目视前方。

（2）双脚落步，右腿屈膝全蹲成左仆步；同时，双手持棍，经上向前下劈摔于左腿内侧，右手滑把至棍把端，左手直臂按压棍身；目视棍梢。

动作要点：腾空落地时沉气下压，仆步和摔棍同步完成；摔棍力达棍梢。

直体 006

传统术语：撼天震地。

现代术语：跳仆步摔棍。

源流：少林大夜叉棍第三十二式。

技法：拨、劈。

动作过程：（1）左脚向前上步，随即蹬地起跳，舒胸展腹，双腿
屈膝后抬；同时，双手持棍，棍梢在身体右侧由前向
下、向后摆至头部上方；目视前方。

（2）双脚落步，右腿屈膝全蹲成左仆步；同时，双手
持棍由上向下劈摔于左腿内侧，右手滑把至棍把端，左
手直臂按压棍身；目视棍梢。

动作要点：跳步轻灵；摔棍力达棍梢。

4.2 垂转

垂转 001
传统术语：旋风额定。
现代术语：腾空外摆莲。
源流：查拳体系查棍。
技法：摆。

动作过程：左脚向前方上步，右脚向左脚前方上步（注：双脚上步加
速，助跑成弧线），随即右脚蹬地起跳，左腿向左侧肩上
方直摆，身体空中右转，右腿向上方直摆，左手随即击
拍右脚背后右腿外摆；同时，右手持棍随腾空转体向右
后方抢扫，随后双脚落地。

动作要点：空中外摆腿击拍脚尖过肩，击拍响亮。

垂转 002

传统术语：龙卷旋风。

现代术语：旋风脚。

源流：查拳体系查棍。

技法：踢、挂。

动作过程：（1）右手背棍。左脚向左前方上步，蹬地跳起，右脚在空中与左脚相碰，左右脚依次落步；同时，左掌立掌向前水平推出；目视前方。

（2）接上动，身体左转，右脚向前扣脚上步；同时，右手背棍，棍把由下向上摆动；左掌收至右胸前；目视前方。

（3）接上动，上体向左上方拧转，右腿蹬地起跳，左腿向左上方摆起；同时，左手随转体向身体左上方抡摆；目视前方。

（4）接上动，右脚直腿向上、向左摆踢，身体在空中继续左转；同时，左手击拍右脚掌；目视左手。

（5）双脚同时落地；目视前方。

动作要点：空中身体中正；击响时脚过肩，击拍响亮。

4.3 矢转

矢转 001
传统术语：平阳落虎。
现代术语：旋子扫棍。
源流：查拳体系查棍。
技法：摆、扫。

动作过程：（1）右手持棍把置于右肩上。左脚向左前方上步，随即右
脚向左前方上步，身体随之左转；同时，右手持棍，随转体
由右向左平云至头上方；目视左前方。

（2）左脚向右腿后方插步，身体左转，重心移至左腿，随即左
脚蹬地腾空；同时，左掌摆至左肩前，棍梢向左；目视前方。

（3）空中双腿依次向后上方直腿摆动，上体平俯向左后方
拧转；同时，左臂向左打开，右手持棍屈臂转腕，棍在身体
下方平圆抡扫一周。

动作要点：旋子塌腰展胸摆腿，空中腿伸直；平扫棍平圆，力达棍梢。

5 腿法

击响

击响 001
传统术语：彩云追月。
现代术语：背棍斜拍脚。
源流：少林烧火棍第二十三式。
技法：拨。

动作过程：身体直立，左腿支撑，全脚掌着地，右手背棍贴于右肩
　　　　　后侧。随即右腿向前上方直腿踢摆，脚面绷直；同时，
　　　　　左掌收于左腰间后击拍右脚背；目视右脚。
动作要点：击拍脚过肩，击拍响亮。

6 棍法

6.1 崩棍

崩棍 001
传统术语：宫女挑灯。
现代术语：虚步崩棍。
源流：少林大夜叉棍第十八式。
技法：崩。

动作过程：右腿屈膝半蹲，左脚脚尖前点成左虚步；同时，双手持棍
把端提腕，棍梢端下点，随即右手持棍把端翘腕下沉，
左手直臂滑把至棍梢按压，棍梢向上崩起；目视棍梢。
动作要点：虚步前点轻灵；棍梢崩弹发力，力达棍梢。

崩棍 002

传统术语：大铣扬土。

现代术语：骑龙步崩棍。

源流：疯魔棍第八式。

技法：铲、崩。

动作过程：（1）右手持棍把端置于右胯旁，左手持棍身。左脚蹬
地，右脚向右前方小跳上步；同时，双手持棍向身体右
侧划弧后摆，摆头回望。随即左脚落步屈膝，重心压至
左腿；双手持棍向前推送，棍梢端向前擦地杵铲。

（2）接上动，身体拧腰扣胯，右腿屈蹲，重心右移，
左腿屈膝，脚跟提起；同时，双手翘腕上提，随即沉腕
下压，左手滑把至棍身，棍梢端向身后方短促上崩；目
视棍梢。

动作要点：跳步轻灵敏捷；棍梢弹崩势猛，力达棍梢。

6.2 戳棍

戳棍 001
传统术语：穿梭断杼。
现代术语：戳棍。
源流：少林风火棍第六式。
技法：戳。

- -

动作过程：右手持棍把端贴于右胯旁，左手持棍身，棍梢指向前
方。左脚向前方上步；同时右手持棍把水平直线向前方
顶戳，左手滑把至右手处，双手合握棍把，棍身水平；
目视前方。
动作要点：戳棍催肘发力，力达棍梢端。

戳棍 002

传统术语：箭穿雁嘴。

现代术语：弓步转身戳棍。

源流：少林疯魔棍第七式。

技法：戳。

动作过程：右手持棍把，左手持棍身。左脚向后方撤步，身体
向左转体360°，右脚向后落步成左弓步；同时，双
手持棍，棍梢从腰间直线向前顶戳，左手滑把至右
手处；目视棍梢方向。

动作要点：转身迅疾，弓步和戳棍协调一致；戳棍水平，力达棍
梢端。

戳棍 003

传统术语：张飞点将。

现代术语：震脚戳棍。

源流：查棍三十六棍第九式。

技法：戳。

动作过程：（1）双手持棍，棍梢经头上方平云一周置于身体左侧
拨棍。随即身体右转180°，右腿屈膝提起再落步震
脚，左脚向左前方上步，两腿屈膝成半马步；同时，双
手云棍随转体持棍下落，右手持棍把置于右胯旁。

（2）接上动，右腿挺膝蹬直成左弓步；同时，右手持
棍把直线向前戳击，左手滑把至右手处，手臂和棍身水
平；目视棍梢。

动作要点：转身迅疾，震脚有力，弓步和戳棍协调一致；戳棍力达
棍梢。

戳棍 004

传统术语：玉女穿梭。

现代术语：转身戳棍。

源流：少林疯魔棍第六式。

技法：戳。

动作过程： 右脚向身体右侧横跨一步，双腿屈膝成马步；同时左手
　　　　　　持棍把，右手持棍身，由上向下在身体右侧下劈。随即
　　　　　　身体向右转体180°；同时，双手持棍向身体右侧斜下
　　　　　　方直线戳击；目视棍梢。

动作要点： 劈棍和转身戳棍连贯完整；戳棍力达棍梢端。

戳棍 005

传统术语：乞丐打狗。

现代术语：歇步戳棍。

源流：少林烧火棍第十七式。

技法：戳。

动作过程：（1）右手持棍把端，左手持棍身，棍梢于体前由下向
上挑棍划圆。

（2）接上动，左脚向右前方上步，双腿屈蹲成高歇
步；同时，双手换握，左手持棍把，右手滑握棍身，向
身体前方水平戳击；目视棍梢。

动作要点：双手换握棍灵活巧妙；歇步、戳棍协调一致；戳棍力达
棍梢端。

6.3 云棍

云棍 001
传统术语：拨云开天。
现代术语：云拨棍。
源流：少林达摩棍第二十式。
技法：云。

- -

动作过程： 右手持棍把，棍梢由上向下于体前下落，左手抓握棍身，双手持棍上举拧转，棍梢在头上方由右向左云棍至身体左侧拨棍，左手直臂持棍身下按，右手持棍把藏于左腋下；目视棍梢。

动作要点： 云拨棍平圆，快速有力，力达棍梢。

云棍 002

传统术语：关公带刀。

现代术语：云棍弓步拨棍。

源流：查棍一百单八棍第十式。

技法：云、拨。

动作过程： 双手持棍于左腋下。右脚向后方撤步，身体向右转体
360°，左脚随转体提膝落步成右弓步；同时，双手持
棍随转体在头前上方平圆云棍一周后背棍至右腋下，棍
把指向前方，右臂伸直，左手经体前架掌于头上方，掌
心向上；目视棍把。

动作要点： 转身灵活，云拨棍平圆，快速有力。

6.4 劈棍

劈棍 001

传统术语：以退为进。

现代术语：单手抡劈棍。

源流：查棍一百单八棍第二十九式。

技法：劈。

动作过程：右脚向后撤步，身体向右转体180°成马步；同时，双
手持棍，随转体在身体右侧向下、向后、向前立圆劈
打，左手向棍梢滑握；目视棍梢。

动作要点：撤步迅疾，劈棍与马步协调一致；劈棍力达棍梢。

劈棍 002

传统术语：浪里白条。

现代术语：弓步抡劈棍。

源流：少林达摩棍第十一式。

技法：劈。

动作过程：右手持棍于右腋下，棍把向前。左脚向前上步，随即
右脚上步成右弓步；同时，双手持棍，在身体左侧由
下向后、向上立圆向下劈打，右手持棍把至右胯旁，
左臂直臂按压棍身，棍梢向前上方；目视棍梢。

动作要点：舞花棍立圆，弓步与劈棍动作协调一致；劈棍力达
棍梢。

劈棍 003

传统术语：雄鸡断尾。

现代术语：跳步半抡劈棍。

源流：查棍一百单八棍第四十三式。

技法：劈。

动作过程：双脚起跳，身体向右转体180°，双脚落步屈蹲成马步；
　　　　　同时，右手持棍把端，左手持棍身，上举棍向下劈击，
　　　　　右手置于右胯旁，左手直臂向下按压棍身；目视前方。

动作要点：转身换跳步轻灵敏捷，马步和劈棍协调一致；劈棍力达
　　　　　棍梢。

劈棍 004

传统术语：皮觚为圆。

现代术语：马步抢劈棍。

源流：少林风火棍第二式。

技法：劈。

动作过程：（1）右脚向右横跨一步，右手扣腕背棍。

（2）接上动，左脚向右前方上步，身体向右转体
180°，双腿屈蹲成马步；同时，双手持棍，在身体左
侧立圆舞花，随即举棍由上向下劈打，右手持棍把至右
胯旁，左手持棍身直臂向下按压，棍梢指向身体左前
方，棍梢斜向上；目视棍梢。

动作要点：舞花棍立圆；马步与劈棍协调一致；劈棍力达棍梢。

劈棍 005

传统术语：醉打山门。

现代术语：歇步半抡劈棍。

源流：查棍一百单八棍第四十五式。

技法：劈。

动作过程：右脚向右横跨一步，身体向右转体180°，双腿全蹲成
　　　　　歇步；同时，右手持棍把端，左手持棍身，双手举棍
　　　　　至头上方向下劈打，右手置于右胯旁，左手持棍身直
　　　　　臂向下按压，棍梢指向身体左前方，棍梢斜向上；目
　　　　　视前方。

动作要点：转身歇步拧腰压胯，与劈棍协调一致；劈棍力达棍梢。

劈棍 006

传统术语：白蟒翻身。

现代术语：翻身劈棍。

源流：少林风火棍第二十六式。

技法：抢、劈。

- -

动作过程： （1）右腿支撑，左腿屈膝提起；左手持棍把端，右手
持棍身，棍梢斜向上置于身体右侧。

（2）左脚向左前方上步踏跳，身体向左转体360°，右
脚前落，左脚后撤成右弓步；同时，双手持棍由下向上
再向前立圆抢劈，棍梢向前上方；目视棍梢。

动作要点： 转身跳步轻灵敏捷；抢劈动作舒展，劈棍力达棍梢。

劈棍 007

传统术语：仆地视锦。

现代术语：仆步劈棍。

源流：少林疯魔棍第二十七式。

技法：劈。

动作过程：右脚起跳，双脚向前跳步，左腿全蹲成右仆步；同时，双手持棍上举，随即左手松把，右手持棍把由上向下劈棍至右腿内侧；左手变掌经左下向左后上方撩出，高于头，掌指斜向上；目视棍梢。

动作要点：跳步轻灵；劈棍力达棍梢。

劈棍 008

传统术语：猎人打虎。

现代术语：转身劈棍。

源流：少林风魔棍十四式。

技法：劈。

动作过程：右脚向右前方上步成右弓步；同时，双手持棍上举，由上向下劈击，右手持把端劈至右胯旁，左手持棍身直臂按压，棍梢向前上方；目视棍梢。

动作要点：劈棍迅猛，力达棍梢。

劈棍 009

传统术语：劈山救母。

现代术语：腾空劈棍。

源流：查棍一百单八棍第三十三式。

技法：劈。

....

动作过程：（1）左脚、右脚依次向前上步，随即双脚起跳，双腿屈膝后抬，空中双手持棍展腹上举。

（2）接上动，身体空中右转，双脚落步，双腿屈蹲；同时，双手持棍由上向下劈摔，棍梢贴地；目视棍梢。

动作要点：跳步轻灵，空中姿态舒展；劈棍力达棍梢。

6.5 抢棍

抢棍 001

传统术语：横扫千军。

现代术语：平抢棍。

源流：少林达摩棍第九式。

技法：抢。

动作过程： 双手持棍把置于左肩上。右脚向右前方上步，左脚向
右脚前方扣脚上步，身体向右转体360°，随即右脚向
右横跨一步；同时，右手持棍把由左向右平圆抢扫一
周；目视棍梢。

动作要点： 抢棍平圆，与转身协调发力，快速迅猛；抢棍力达
棍梢。

抢棍 002

传统术语：旋风回转。

现代术语：左右平抢。

源流：查棍三十六棍第十九式。

技法：抢。

动作过程：右手背棍。左脚向左前方上步，随即左脚蹬地跳起，
　　　　　向左转体360°，右脚落步后左脚上步成左弓步；同
　　　　　时，双手持棍把，在头部上方平圆抢扫一周后置于左
　　　　　肩上；目视前方。

动作要点：跳步转身轻灵敏捷，抢棍平圆，快速迅猛；抢棍力达
　　　　　棍梢。

抢棍 003

传统术语：银莽入洞。

现代术语：双抢棍。

源流：查棍三十六棍第二十七式。

技法：抢。

动作过程：双手持棍把置于左肩上。右脚向右前方上步，左脚向右脚前方扣脚上步，身体向右转体360°，随即右脚向右横跨一步，重心移至右脚；同时，右手持棍把由左向右平圆抢扫一周；目视右前方。

动作要点：拧腰带胯，棍抢平圆，协调发力；抢棍力达棍梢。

抡棍 004

传统术语：拦腰棍式。

现代术语：弓步腰间抡棍。

源流：查棍一百单八棍第四十一式。

技法：拦。

动作过程：（1）双手持棍把置于左肩上。左脚向左横跨一步，随
即右手持棍把由左向右在头上方平圆抡扫一周，身体随
棍后仰。

（2）接上动，右腿蹬直成左弓步；同时，将棍藏于右
腋下，棍把端向前；左手抱拳置于左腰间；目视棍把。

动作要点：涮腰带胯，棍抡平圆，舒展大方；抡棍力达棍梢。

6.6 提撩棍

提撩棍 001

传统术语：提柳暗寻。

现代术语：提撩棍。

源流：五虎群羊棍第十五式。

技法：撩。

动作过程：（1）右脚向前方上步，重心前移；双手持棍把，棍梢贴近身体右侧由后向下、向前、向上立圆提撩，上体随之左转，两肘微屈，棍梢高于头；目视前方。

（2）接上动，棍梢在身体左侧由上向后、向下、向前立圆提撩，上体随之右转，两肘微屈，棍梢高于头；目视前方。

动作要点：棍身立圆提撩，贴近身体两侧；提撩棍腕关节松放灵活，力达棍梢。

提撩棍 002

传统术语：黑虎掏心。

现代术语：撩棍蹬腿。

源流：查棍一百单八棍第四十七式。

技法：撩。

动作过程：（1）双手于体前持棍把，棍身在身体右侧由上向后、
向下撩至胸前，随即左脚上步。
（2）接上动，棍梢向上立棍于身体左侧，右手持棍把
置于右胯旁，左手持棍
梢，随即右腿屈膝勾脚
尖上提，向前方水平蹬
出；目视前方。

动作要点：提撩棍腕关节松放灵
活，力达棍梢；蹬腿屈
伸明显，力达脚跟。

提撩棍 003

传统术语：翻云覆雨。

现代术语：上步撩棍。

源流：查棍一百单八棍第三十七式。

技法：撩。

动作过程：左脚向前方上步，右脚随即向前方扣脚上步；同时，右手持棍，在身体右侧由下向前、向上提撩至左肩上，左手抓握棍身。双脚蹬地跳起向右转体180°，双脚落步成马步；同时，棍立圆向前、向下劈击，棍把藏于右腋下，左手直臂托握棍身；目视棍梢。

动作要点：跳步轻灵，身械协调一致；撩、劈棍拧腰催胯，力达棍梢。

提撩棍 004

传统术语：追云赶日。

现代术语：踢腿撩棍。

源流：查棍一百单八棍第五十一式。

技法：撩。

动作过程：双手持棍把，棍梢在身体右侧由上向后、向下、向前立圆提撩一周，随即划弧至身体左侧立棍，右手持棍把贴于左胯旁，左手滑握棍身，棍梢向上。随即左脚向前方上步，身体微左转，右脚向体前右侧勾脚尖直腿踢摆；目视右前方。

动作要点：提撩棍连贯流畅；侧踢腿迅猛；撩棍力达棍梢。

提撩棍 005

传统术语：行云舞袖。

现代术语：行步撩花。

源流：五虎群羊棍第十五式。

技法：撩。

动作过程：左右脚交替向前上步；同时，双手持棍把，棍身贴近身
体两侧由上向后、向下、向前连续左右立圆提撩棍花；
目视前方。

动作要点：连续上步与提撩棍协调一致，快速迅猛；提撩棍贴身立
圆，力达棍梢。

提撩棍 006

传统术语：力鼎泰山。

现代术语：弓步撩棍。

源流：查棍一百单八棍第五十六式。

技法：撩、架。

动作过程：（1）双手持棍，右手持棍把，左手持棍身，棍置于
身体左侧，棍梢向上；目视前方。
（2）右脚向前方上步成右弓步；同时，双手持棍经
身体左侧向后、向下、向前成立圆撩带至身前，右手
持棍把屈臂架至头上方，左手持棍身直臂撩推于身体
左前方，棍梢斜向下；目视棍身。

动作要点：撩、架棍与弓步同时完成，身械协调一致；撩棍力达
棍梢。

提撩棍 007

传统术语：夜走麦城。

现代术语：提压棍。

源流：少林阴手棍第十六式。

技法：压。

⋯⋯⋯⋯⋯⋯⋯⋯⋯⋯⋯⋯⋯⋯⋯⋯⋯⋯⋯⋯⋯

动作过程： 双手虎口相对持棍，置于身体左侧，棍把指向斜前方。
左脚向前上步，随即身体向右转体180°；同时，双手
持棍，棍梢由下向前、向上提撩，随转体由上向下按压
至身体前方，右手屈臂持棍把藏于右腋下，左手直臂按
压棍身，棍梢指向身体前方；目视棍梢。

动作要点： 撩棍甩臂上提，把腕灵活，与转身压棍快速协调一致；
压棍力达棍梢。

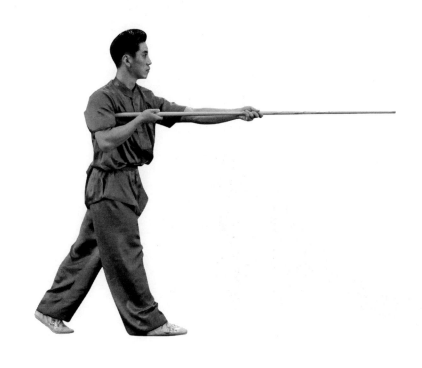

提撩棍 008

传统术语：转身撩阳。

现代术语：上步撩棍。

源流：少林风火棍第二十一式。

技法：撩。

动作过程：（1）双手持棍置于身体右侧，右手持棍把，左手持棍身；目视前方。

（2）右脚向前方上步成马步；同时，双手持棍，棍梢在身体左侧向前、向下、向后、向上立圆抢劈，左手屈臂持棍把置于腹前，右手直臂持棍身至身体右侧，棍梢斜向上；目视棍梢。

（3）接上动，左脚向右前方上步成左弓步；同时，双手持棍，棍梢由上向后、向下、向左斜上方撩击，左手持棍把藏于右胸前，右手直臂持棍身斜向前方；目视棍梢。

动作要点：抢棍与上步转身同时完成；下劈有力，上撩迅速，身械协调一致，撩棍力达棍梢。

6.7 舞花棍

舞花棍 001
传统术语：嫦娥舞袖。
现代术语：舞花棍。
源流：少林风火棍第三式。
技法：挡。

....

动作过程： （1）右脚向前方上步，重心移至右腿；右手持棍把，左手松握棍身，棍把向下，在身体右侧棍把由下向后、向上、向前立圆绕行，双臂于胸前交叉，上体稍右转；目视前方。

（2）接上动，右臂外旋，左臂内旋，双臂体前屈臂摆动至胸前交叉，棍把继续沿身体右侧立圆绕行。

（3）接上动，身体左转；左臂内旋，右臂外旋稍向前伸，双手交叉持棍同时转动，棍把在身体左侧继续由下向后、向上立圆绕行；目视前方。

动作要点： 连续舞花棍流畅迅猛，立圆贴身。

舞花棍 002

传统术语：蛟龙翻云。

现代术语：单手舞花棍。

源流：少林风魔棍第三十五式。

技法：挡。

动作过程：（1）右脚向前方上步，
　　　　　　重心移至右腿；右手持棍
　　　　　　把，棍梢向上，在身体左
　　　　　　侧棍梢由上向前、向下、
　　　　　　向后、向上立圆绕行。
　　　　　　（2）接上动，在身体右
　　　　　　侧棍梢向下、向后、向上
　　　　　　立圆绕行，棍梢向上，棍
　　　　　　把向下，右手持棍把催肘
　　　　　　挡于体前；目视前方。

动作要点：单手舞花棍连贯快速；
　　　　　　挡棍有力，力达棍身。

舞花棍 003

传统术语：翻江倒海。

现代术语：舞花提膝独立。

源流：查棍一百单八棍第十一式。

技法：挡。

动作过程：（1）右脚向前方上步，重心移至右腿；双手持棍立于身前，右手持棍把，左手持棍身，棍把向下，在身体右侧立圆绕行一周，左手松握棍身。

（2）接上动，右臂外旋，左臂内旋，双臂胸前屈臂摆动至胸前交叉，棍把继续在身体左侧由前向下、向后、向上立圆绕行一周，上体稍向右转，棍梢向下。

（3）接上动，左脚向前方上步，以脚掌为轴向右转体360°，随即右腿提膝；左手松开棍身，左臂随转体立圆摆动，右手持棍把提撩棍，随即在身体右侧立圆绕动一周，棍藏于右腋下，棍把端向前；左手头上方架掌，掌心向上；目视前方。

动作要点：舞花棍立圆；提膝过腰，支撑腿稳固；身械协调一致。

舞花棍 004

传统术语：倒栽杨柳。

现代术语：进步背花栽棍。

源流：查棍一百单八棍第十九式。

技法：拨。

动作过程：（1）左脚向前上步；右手
　　　　　　持棍单手在身体右侧立圆
　　　　　　舞花。

　　　　　　（2）接上动，右脚向前
　　　　　　方上步，重心移至右腿；
　　　　　　右手单手持棍把在身体左
　　　　　　侧立圆舞花，随即左手接
　　　　　　握棍把，右手脱把。左脚
　　　　　　上步；左手单手持棍把在
　　　　　　身体右侧立圆舞花，随即
　　　　　　右手接棍把，左手脱把。

动作要点：舞花棍换手巧妙自然，流
　　　　　　畅连贯；身械协调一致。

舞花棍 005

传统术语：狂风落地。

现代术语：舞花翻劈。

源流：查棍三十六棍十四式。

技法：拨、劈。

- -

动作过程： （1）双手持棍立于身前，右手持棍把，左手持棍身。
右脚上步，重心移至右腿，双手连续在身体左右两侧立
圆舞花。

（2）接上动，左脚向前上步，随即蹬地起跳，在空中
向右转体360°，随即右脚落步全蹲成左仆步；双手持
棍把于身后向上抡起，随转体向前下劈棍，棍身摔于左
腿内侧；目视棍梢。

动作要点： 舞花棍立圆流畅，翻跃动作舒展大方；摔棍力达棍梢。

舞花棍 006

传统术语：提柳探路。

现代术语：舞花提点。

源流：查棍三十六棍第十七式。

技法：撩、拨、点。

- -

动作过程：（1）右腿微屈，左脚尖向前点地；双手屈臂持棍把，左手在前，右手在后，棍把贴于身体右侧，棍梢向下点击。

（2）接上动，左脚、右脚依次后撤一步；同时，双手合抱棍把，在身体右侧、左侧立圆提撩舞花各一周。

（3）接上动，右脚向前上步，在身体右侧提撩棍花，左脚上步，在身体左侧提撩棍花，连续上四步后，身体向右转体180°，左手滑握棍身。

（4）接上动，棍在身体右侧立圆舞花一周。身体重心移至左腿，右脚向左脚前方跳上步，落地全蹲成左仆步；同时，双手持棍提腕，棍梢向身后点地，随即双手举棍摔棍于左腿内侧；目视棍梢。

动作要点：舞花棍立圆流畅；步法连贯敏捷，步法与棍法协调配合；摔棍力达棍梢。

舞花棍 007

传统术语：凤舞点头。

现代术语：舞花劈棍。

源流：疯魔棍第三十一式。

技法：拨、劈、点。

- -

动作过程：（1）双手持棍，右手持棍把，左手持棍身。右脚向右
前方上步；同时，双手持棍在身体右侧立圆舞花一周。
（2）接上动，左脚上步，身体向右转体360°；左手
脱把，右手单手持棍立圆提撩。随即右脚上步，左腿提
膝；同时，右手持棍把向右前下方劈棍；左掌摆至头上
方亮掌，掌心向上；目视棍身。

动作要点：舞花棍连贯成立圆；劈棍力达棍梢。

舞花棍 008

传统术语：压山探海。

现代术语：舞花上步戳棍。

源流：少林达摩棍第二十二式。

技法：撩、戳。

动作过程：（1）左脚向后撤步，身体向左转体180°，双腿屈蹲交叉；同时，双手持棍，在身体右侧、左侧立圆提撩棍花各一周，随即双臂交叉持棍，棍梢指向右前方；目视棍梢。

（2）接上动，右脚向前上步成右弓步；同时，双手持棍，棍梢端向身体前上方戳顶；目视棍梢。

动作要点：提撩棍成立圆，身械协调一致；戳棍力达棍梢端。

舞花棍 009

传统术语：口吐莲花。

现代术语：左平舞花棍。

源流：少林风火棍第三式。

技法：云、拨。

- -

动作过程： 双手持棍置于身体右侧。左脚向左前方上步，双手持棍把在身体右侧由右向左平圆抡扫。随即右脚向左脚前方跨跳一步，身体向左转体360°，左脚落步成左弓步；同时，双手持棍，随转体在头上平圆云扫一周，棍梢扫至身体左侧，左手直臂持棍身，右手持棍把藏于左腋下；目视棍梢。

动作要点： 转身跳步轻灵敏捷，舞花云棍平圆舒展，步型转换协调一致；拨棍力达棍梢。

舞花棍 010

传统术语：莲花舞。

现代术语：右平舞花棍。

源流：少林风火棍第五式。

技法：云、拨。

....

动作过程： 双手持棍置于身体左侧。右脚向右前方上步，双手持棍把在身体左侧由左向右平圆抢扫。随即左脚向右脚前方跨跳一步，身体向右转体360°，右脚落步成右弓步；同时，双手持棍，随转体在头上平圆云扫一周，棍把扫至身体右侧，右手直臂持棍把，棍身藏于右腋下；左掌立掌置于右胸处；目视棍把。

动作要点： 转身跳步轻灵敏捷，舞花云棍平圆舒展，步型转换协调一致；拨棍力达棍把。

6.8 抱棍

抱棍 001
传统术语：鲁班杠梁。
现代术语：抱棍。
源流：少林风火棍第十一式。
技法：抡。

动作过程： 双手持棍把置于右肩上。左脚向左前方上步成左弓步；同时，身体左转，双手抱棍，由右向左平圆抡扫至左肩上，右手持棍把，左手持棍身，棍把至身体左侧；目视前方。

动作要点： 弓步拧腰带胯，连贯完整；抡扫水平舒展，力达棍梢。

抱棍 002

传统术语：老龙卧道。

现代术语：坐盘抱棍。

源流：少林大夜叉棍第十七式。

技法：抢。

动作过程： 双手持棍把置于右肩上。左脚向后撤步，身体向左拧转360°，双腿交叉屈膝盘坐成坐盘；同时，双手持棍把向左后平圆抢扫一周，身体拧转至左前方时，左手滑握至棍身，右手持棍把置于右胸前，棍梢斜向身体左下方；目视棍梢。

动作要点： 转身抢棍迅猛，坐盘连贯稳固；抢扫水平舒展，力达棍梢。

抱棍 003

传统术语：文王拉纤。

现代术语：弓步抱棍。

源流：少林阴手棍第十四式。

技法：盖。

动作过程：左脚向左前方上步；双手持棍，右手持棍把经头上方
　　　　　向身体左侧压、盖。随即身体右转成左弓步；左臂屈臂
　　　　　持棍身于左肩前；右臂微屈持棍把向外发力拨挡于右胯
　　　　　前，棍把斜向下；目视右前方。

动作要点：上体躯干带动棍把盖、压，发力拨挡和弓步同步完成；
　　　　　拨挡力达棍把。

抱棍 004

传统术语：怀中抱月。

现代术语：虚步抱棍。

源流：六合棍二合第三式。

技法：挑。

动作过程：右腿微屈，左脚脚尖前点成左高虚步；同时，左手翻腕，棍梢由左向下、向右、向上立圆绞绕上挑，右手持棍把置于右胯旁，左手托持棍身，棍梢斜向上；目视棍梢。

动作要点：上步成高虚步轻灵；绞棍、上挑协调一致；挑棍力达棍梢。

6.9 背棍

背棍 001
传统术语：藏龙卧虎。
现代术语：弓步背棍。
源流：少林烧火棍第四十三式。
技法：拨。

动作过程： 左脚向左前方上步成左弓步；同时，右手持棍把，在身
　　　　　　　体右侧棍梢由上向前、向下至右臂后侧背棍，棍身贴于
　　　　　　　背部，左手顺势向前立腕挑掌成立掌；目视挑掌方向。
动作要点： 背棍与弓步同时完成，以腰带棍，快速准确。

背棍 002

传统术语：黑熊探背。

现代术语：虚步背棍。

源流：五虎群羊棍第二十四式。

技法：抢。

动作过程：（1）双手持棍把置于左肩上，右脚向右前方上步，左
脚向右脚前扣脚上步，身体向右转体360°，随即向右
横跨一步；同时，右手持棍把由左向右平圆抢扫一周后
背棍，左手随转体摆向右肩内侧。

（2）接上动，左脚收靠至右脚成并步，随即向左前方
点地成左虚步；同时，左掌向左前方立掌推出；目视推
掌方向。

动作要点：抢棍平圆；背棍与虚步推掌同时完成，身械协调一致。

背棍 003

传统术语：八戒扛耙。

现代术语：背棍提膝上截。

源流：少林烧火棍第三十七式。

技法：截。

....

动作过程：（1）右脚向右横跨一步；同时，双手持棍把，棍梢在
身体左侧由左向下、向右上撩至右肩上。

（2）接上动，左腿提膝，身体左转微倾斜；同时，双
手持棍把，棍梢由右肩向身体左斜上方拨出，棍梢斜向
上，棍把藏于左腋下；目视棍梢。

动作要点：抡、截连贯；提膝过腰，支撑稳固；截棍力达棍梢。

6.10 穿棍

穿棍 001

传统术语：穿壁引棒。

现代术语：穿棍。

源流：五虎群羊棍第二十式。

技法：穿。

- -

动作过程： 左脚向左横跨一步；双手掌心向上直臂水平持棍，左
手持棍梢直线向右经右手推送顶击，右手瞬间紧握棍梢
端，随即左臂向身体左侧打开；目视棍把。

动作要点： 左手推棍发力，右手虚握紧抓，棍身穿梭水平流畅。

6.11 戳把

戳把 001
传统术语：瞻前顾后。
现代术语：扣腿戳把。
源流：少林烧火棍第二十一式。
技法：戳。

动作过程：右腿屈膝半蹲，左腿屈膝外展，踝关节紧扣于右腿膝后
　　　　　腘窝处；同时，双手持棍，横于身前，右手持棍把直线
　　　　　向身体右侧顶击；目视戳把方向。
动作要点：屈膝扣腿与戳把同时完成；戳把力达把端。

6.12 拨棍

拨棍 001

传统术语：云里拨灯。

现代术语：拨棍。

源流：少林达摩棍第四十七式。

技法：拨。

....

动作过程：右手持棍把，左手持棍身，举至右肩上方，在头上方由身体右侧至体前云、拨棍，棍梢端由右肩后向身体左侧平圆划弧，右手持棍把至左胸处；目视棍梢方向。

动作要点：左手持棍做云、拨流畅完整；腰带胯催，发力横拨，力达棍梢。

拨棍 002

传统术语：醉汉提柳。

现代术语：上拨棍。

源流：少林达摩棍第二十三式。

技法：拨。

动作过程：右脚向前上步；同
时，双手持棍把，棍
梢由后贴近身体右侧
向前上方提撩，两肘
微屈，棍梢高于头。
随即左脚上步，右腿
提膝；同时，双手持
棍，棍梢由前向后贴
近身体左侧向前上方
提撩，再向斜上方拨
棍；目视棍梢。

动作要点：提撩棍立圆贴身，上
步迅捷，提膝过腰；
拨棍力达棍梢。

拨棍 003

传统术语：退避三舍。

现代术语：退步拨棍。

源流：少林风火棍第二十式。

技法：压、拨。

动作过程：双手持棍，右手持棍把，左手持棍身。右脚向后方撤步；同时，双手持棍经左向上、向下压棍，棍梢端点地。随即左脚向后方撤步；双手持棍由右向上、向左下拨棍，棍梢端点地。右脚再向后方撤步；同时，双手持棍经左向上、向下压棍，棍梢端点地；目视棍梢。

动作要点：后撤步迅速，棍梢前端向左、右下方拨打快速连贯；拨棍力达棍梢端。

6.13 点棍

点棍 001
传统术语：瞎子探路。
现代术语：点棍。
源流：少林风魔棍第十六式。
技法：点。

动作过程：双腿屈膝成马步；双手胸前持棍把，棍梢向体前左、右
　　　　　两侧扇面立圆连续点击，棍梢端触地；目视棍梢。
动作要点：提腰带胯，点棍连贯迅捷流畅，力达棍梢端。

点棍 002

传统术语：金蟾点豆。

现代术语：跳点棍仆步摔棍。

源流：少林风火棍第七式。

技法：点。

动作过程： （1）身体重心左移，左脚蹬地，右脚向左前方跳步；
同时，双手持棍，棍梢由上向右下点落，棍梢端触地。
（2）接上动，左脚向左前方上步，右腿屈膝全蹲成左
仆步；同时，双手持棍，由上向下摔棍至左腿内侧；目
视棍梢。

动作要点： 跳步轻灵；点、摔棍迅速连贯完成；点棍力达棍梢端，
摔棍力达棍梢。

点棍 003

传统术语：金针入地。

现代术语：换步点棍。

源流：查棍三十六棍第十六式。

技法：点。

动作过程：（1）左脚蹬地，右腿抬起，身体向右转体180°；同时，双手持棍，双腕交叉，棍在身体右侧立圆舞花一周，棍梢向上。

（2）接上动，右脚落步，屈膝下沉，左脚再向前落步，脚尖点地成左高虚步；双手持棍，由上向下点棍，右手持棍把藏于右腋下；目视棍梢。

动作要点：跳步转身迅捷；高虚步与下点棍协调一致。

点棍 004

传统术语：凤凰点头。

现代术语：上步回身点棍。

源流：少林风魔棍第三十三式。

技法：点。

动作过程： 右脚向右前方上步，身体右转；双手持棍把，双腕胸前
交叉，棍身立圆舞花一周，向身体左侧下方点棍，棍梢
端点地；目视棍梢。

动作要点： 舞花棍贴身立圆；腰、胯翻拧发力下点，力达棍梢端。

点棍 005

传统术语：挽弓射箭。

现代术语：仰身点棍。

源流：查棍三十六棍第二十六式。

技法：点。

动作过程： 右脚、左脚依次向前方上步；双手持棍在身体右侧、左
　　　　　　侧连贯贴身提撩棍，随即棍梢由头上方向身体后侧贴近
　　　　　　左腿外侧点击，上体随之稍向左转后仰，双肘微屈，棍
　　　　　　梢端点地；目视棍梢。

动作要点： 棍立圆提撩；身后仰点棍舒展，动作协调一致。

6.14 盖把

盖把 001

传统术语：仙童摆尾。

现代术语：盖把。

源流：疯魔棍第三十七式。

技法：盖。

动作过程：左脚、右脚依次向后撤步；双手持棍，双手滑把至棍梢端，棍把由上至下在身体左、右两侧分别立圆盖打，棍把砸击地面；目视棍把。

动作要点：撤步砸盖迅速流畅，双手滑握棍身部位灵活准确；盖把力达棍把端。

盖把 002

传统术语：猛虎下山。

现代术语：转身盖把。

源流：查棍一百单八棍第四十六式。

技法：盖。

动作过程：（1）双手持棍，左脚向后撤步；同时，左手滑把至棍
身，右手持棍把向右上方提带。

（2）接上动，身体向左拧腰翻转180°，右手滑把，由
上向身后左前下方立圆盖把砸击；目视棍把。

动作要点：翻腰与提、盖棍迅猛流畅；棍把立圆盖砸，盖把力达棍
把端。

盖把 003

传统术语：出世跨虎。

现代术语：盖把。

源流：查棍三十六棍第一式。

技法：盖。

动作过程：左脚上步，脚尖前点成左高虚步；同时，右手持棍把，左手持棍梢，经身体右侧由后向上、向体前立圆劈把，右手滑把屈臂落于体前，左手持棍置于左腰侧；目视棍把。

动作要点：左高虚步前点上步迅捷；棍把劈、盖立圆，力达棍把端。

盖把 004

传统术语：大圣镇妖。

现代术语：挂把盖地。

源流：查棍三十六棍第十一式。

技法：盖。

动作过程：双手持棍，身体右转，棍梢斜向上。左脚原地蹬地起
跳，右脚跳步，左脚前落成左弓步；同时，右手滑把至
棍身，双手持棍身由右后向前下立圆劈击，棍把触及地
面；目视棍把。

动作要点：跳换步敏捷；抢、盖棍立圆，盖把与弓步同步完成；盖
把力达棍把端。

盖把 005

传统术语：雨打芭蕉。

现代术语：转身双盖把。

源流：查棍一百单八棍第五十三式。

技法：盖。

动作过程：（1）双手持棍。右脚、左脚依次向后方撤步；同时，
随身体左右转动，棍把由上向前、向下盖打，于身体前
方点地。

（2）接上动，身体直立，左脚内收半步，脚尖外展；
同时，右手持棍把向右上方提拉，左手滑把至棍梢。

（3）接上动，身体向左后方翻转；双手持棍由下向前
上撩出。

（4）接上动，身体左转，右脚向右移步；同时，双手
持棍由上向前下方劈把触地；目视前方。

动作要点：棍身立圆摆动，贴近腿外侧，身械协调一致；盖把力达
棍把端。

6.15 横把

横把 001
传统术语：横断千金。
现代术语：横把。
源流：少林风魔棍第十式。
技法：挡、击。

- -

动作过程：左脚向左横跨一步；右手持棍把，左手持棍身，棍把由
右向前水平横向击打；目视棍把。

动作要点：跨步与棍把横击，身械协调一致；力达棍把端。

横把 002

传统术语：小鬼拨扇。

现代术语：横把。

源流：少林阴手棍第二十一式。

技法：挡、击。

动作过程： 双手反握棍身。左脚向左前方上步，身体左转90°成左
弓步；同时，双手持棍由腰间向左前方发力横击，左手
持棍置于左腰间；目视棍把。

动作要点： 棍把横击拧腰发力，力达棍把。

6.16 绞把

绞把 001

传统术语：渔夫解锁。

现代术语：绞棍压把。

源流：查棍三十六棍第三十二式。

技法：绞。

....

动作过程：身体微右转，双手持棍，棍梢指向左前方。左脚、右脚
依次后撤四步；同时，双手持棍于身前右侧立圆绞绕棍
把，随即棍向上、向前下方盖砸；目视棍把。

动作要点：撤步迅速，与立圆绞棍、盖把动作协调一致。

6.17 扫棍

扫棍 001

传统术语：风扫落叶。

现代术语：扫棍。

源流：少林猿猴棍第十二式。

技法：扫。

动作过程： 双手持棍把置于左肩上。右脚向右前方上步屈膝半蹲，左脚掌支撑；同时，身体右转，右手持棍把向右平圆抢扫；左臂向右侧平摆，随后置于右胸侧；目视右前方。

动作要点： 上步抢扫，腰胯带棍发力，动作快速完整；扫棍力达棍梢。

扫棍 002

传统术语：哪吒登云。

现代术语：涮腰扫棍。

源流：查棍一百单八棍第六十四式。

技法：扫。

动作过程：（1）双手持棍把置于左肩上。右脚向右横跨一步；
同时，双手持棍抱于胸前。

（2）接上动，左手松开，右手持棍由左向右平圆抡
扫一周，身体随棍平涮仰身，棍身置于右腋下，左拳
贴于左腰间；同时，双腿成左弓步。

动作要点：仰身云扫棍快速有力，路线平圆，一气呵成。

扫棍 003

传统术语：斩草除根。

现代术语：弓步扫棍。

源流：查棍一百单八棍第二十式。

技法：扫。

动作过程：（1）身体稍右转，右脚向后方撤步；同时，左手持
棍梢，右手滑握至左手前，棍把由后向前下扫棍，棍
把触地。

（2）接上动，双手持棍梢，继续平圆抡扫一周，棍
把由后向前抡扫，棍把触地。随即右腿蹬直成左弓
步；双手持棍置于左肩上；目视前方。

动作要点：双手反握持棍；抡、扫腰胯发力，快速连贯；棍把
扫、打地面，力达棍把端。

扫棍 004

传统术语：缺月再圆。

现代术语：划地扫棍。

源流：查棍三十六棍第二十一式。

技法：扫。

动作过程：双手持棍把置于左肩上。右脚向右前方上步，随即蹬地起跳向右转体360°；同时，双手持棍由左向右平圆抡扫一周，左脚、右脚依次落步成右弓步，双手持棍置于右肩上；目视左前方。

动作要点：转身跳步轻灵敏捷，连续扫棍快速；扫棍力达棍梢。

扫棍 005

传统术语：乌龙搅腾。

现代术语：弓步平扫棍。

源流：少林烧火棍第十式。

技法：扫。

动作过程：右手持棍置于右胸前。右脚向右前方上步成右高弓
　　　　　步；同时，双手持棍在身体两侧立圆舞花，随即双手
　　　　　持棍向左平扫拨出，左手持棍身，右手持棍把置于腰
　　　　　间；目视棍梢。

动作要点：舞花棍立圆贴身；棍立圆转换横扫协调连贯，力达
　　　　　棍梢。

扫棍 006

传统术语：扫地出门。

现代术语：弓步下横扫。

源流：少林烧火棍第二十九式。

技法：扫。

....

动作过程： 左手持棍把端，右手持棍身。右
　　　　　　脚向前方上步，随即右腿蹬直成
　　　　　　左弓步；同时，右手持棍由上向
　　　　　　前下弧线扫打，棍梢扫打至左上
　　　　　　方立棍；目视右前方。

动作要点： 拧腰转胯与扫棍快速有力，动作
　　　　　　协调一致；扫棍力达棍梢。

扫棍 007

传统术语：鱼跳龙门。

现代术语：左右仆步扫棍。

源流：少林烧火棍第十三式。

技法：扫。

动作过程：左手持棍把，右手持棍身。右脚蹬地跳起，左脚落步
　　　　　全蹲成右仆步；同时，双手持棍由身体左侧向右平云一
　　　　　周，棍梢端在身体前方横扫触地；目视棍梢。

动作要点：跳步轻灵；仆步与抢、扫棍协调一致。

6.18 摔棍

摔棍 001
传统术语：银莽入地。
现代术语：弓步摔棍。
源流：查棍一百单八棍第二十五式。
技法：劈。

- -

动作过程： 双手持棍于身体左侧上举。右脚向右前方上步成右弓步；同时，右手持棍由上至下摔棍于右腿外侧；目视棍梢。

动作要点： 摔棍与弓步完整一致；劈、摔棍力达棍梢。

摔棍 002

传统术语：鞭打奔牛。

现代术语：左右摔棍。

源流：查棍一百单八棍第六十七式。

技法：劈。

动作过程：（1）双手持棍上举。左脚向前方上步，右腿全蹲成左
仆步；同时，棍由上向下摔至左腿内侧；目视棍梢。
（2）重心右移，身体右转，左腿屈膝蝶地，右腿屈
蹲；同时，右手持棍提拉至头上方，由上向下摔棍至右
腿外侧；左臂直臂上举至头上方抖腕亮掌，掌心向上；
目视棍梢。

动作要点：连续摔棍快速连贯，力达棍梢。

6.19 挑把

挑把 001

传统术语：卧枕式。

现代术语：挑把。

源流：少林齐眉棍第三十六式。

技法：挑。

....

动作过程：双手持棍提于身体右侧，棍梢向斜前方。右脚向前上步
成右弓步；同时，右手持棍把端，左手持棍身，棍把向
前立圆挑出；目视棍把。

动作要点：弓步、挑把协调一致；挑把力达棍把。

6.20 挑棍

挑棍 001

传统术语：老虎摔尾。

现代术语：挑棍。

源流：疯魔棍第十一式。

技法：挑。

....

动作过程： 右脚向右前方上步，随即左脚跟步，脚尖点地，双腿半
蹲；同时，身体左转，双手持棍置于身体左侧，右手持
棍把端下按，左手反握棍身，棍梢由下向上瞬间崩挑；
目视棍梢。

动作要点： 横跨步轻灵；挑棍力点准确，力达棍梢。

挑棍 002

传统术语：鹿伏鹤行。

现代术语：提膝挑棍。

源流：少林烧火棍第七式。

技法：挑。

....

动作过程： 双手水平持棍。左腿提膝；同时，左手托棍由左腿外
侧向体前上方挑起；右手持棍把置于右腰侧；目视左
前方。

动作要点： 提膝过腰；挑棍贴身立圆，快速上挑，力达棍梢。